松竹さんを共産党に戻してください

除名撤回裁判を応援します

内田樹　平裕介　池田香代子
伊藤真　上瀧浩子　神谷貴行

あけび書房

まえがき

松竹伸幸

この「まえがき」を書き終えたのが3月2日（2025年）です。思い返すと、日本共産党からの除名撤回を求める裁判を起こすことを決意し、除名は不当だと考える人びとに支援を呼びかけるため、内田樹さんにＹｏｕＴｕｂｅチャンネルで対談に応じていただいたのが、ちょうど1年前の3月3日でした。

それから1年。本書を見ていただければわかるように、社会的な影響力のある多くの方が私のＹｏｕＴｕｂｅチャンネルに登場し、それぞれの立場や視点から、この裁判の意義、裁判で私が勝利することの重要性を語ってくださいました。みなさんに深く感謝します。

私が『シン・日本共産党宣言』を刊行したのは23年1月20日でした。そのことを理由に共産党から除名されたのが翌2月6日です。

その前後から、「赤旗」や党幹部の演説などで、私が「党攻撃」を開始したとのキャンペーンが張られることになりましたので、「赤旗」でしか事情を知らない多くの人は、私が意図的に「党攻撃」に乗り出したと思っていることでしょう。中立的にこの問題を眺めている人も、党側のこれだけの反発を招いたことからして、私がこの結末をある程度は予測しており、いわば「覚悟の出版」だったと見なしているかもしれません。

しかし、目の前にあるこの本を読み直してみると、そうではなかったことが分かります。ほぼ冒頭の箇所に、こんな一文がありました。

党本部を退職後、『超左翼おじさんの挑戦』というタイトルのブログを開設し、いくつかの書籍も上梓することとなり、各種の政治問題でも自由に意見を表明している。そのため周りの人からは、「こんなに自由気ままに書いていると共産党から処分されるのではないか」と心配されることもあるが、幸いそういうことは一度もなかった。異なる意見を外部に表明したからといって処分されるほど、日本共産党は抑圧的な組織ではない。そんな組織ならば学者の党員は自分の学説さえ公表できないことになってしまう。

そうなのです。たとえば、共産党が採用すべき当面の基本政策として私が提示した「核抑止抜きの専守防衛」に対しても、「憲法違反」だとか「安保容認」などの非難の言葉が寄せられましたが、数年前に別の著書で最初に提示したものです。その他、いろんな問題で共産党とは異なる考え方を書籍などで表明してきましたが、何のおとがめもなかったのです。

この事実は党内では広く知られていました。ですから、私の盟友であり、『シン・日本共産党宣言』

刊行予定を9か月ほど前に伝えた山根隆志氏（当時の共産党政治・外交委員会責任者、故人）も、「松竹さんがいるおかげで共産党の幅が広がって見える」と喜んでくれていました。

結果を見れば、こうした私や友人の見方は甘かったということです。甘かったどころか、私の除名後に明らかになった事情をふまえると、処分は『シン・日本共産党宣言』刊行後に浮上したのではなく、ずっと以前から内部では検討されていたそうですから、異論をオモテに出せる度合いが広がったと私が喜んでいるウラで、党中央はいつ何を理由に処分に踏み切るのかを慎重に探っていたということなのでしょう。

そのような事情を知らない私にとって、除名はまさに青天の霹靂でした。甘く考えていた分、受けた衝撃も大きかったと言えます。

とはいえ、自分が引き起こしたことの結果ですから、その責任は自分で引き受けるしかありません。けれども、本書に登場してくださった方は、そうではありません。これまで「赤旗」に何回も登場している方が大半であり、1面全部を使ってインタビューを受けた方もおられます。共産党がずっと大切にしてきた「宝」のような方々なのです。

また当然のことですが、共産党との関係が悪化するであろう理由を、私のように自分でつくったわけでもありません。党との関係をこれまでと同様に維持する選択肢もあったのです。しかし、YouTubeチャンネルに出演すれば共産党との関係がどう変化するかわかっていて、その選択をしてくださったのです。

ですから、著者の方々には、もともと共産党への悪意はひとかけらもありません。それどころか、長期にわたる退潮から共産党が何とか立ち直ってほしい、変われるものなら変わってほしいと強く思っておられます。共産党のピンチをチャンスに変える道筋を見つけだしたい、この裁判がそのきっかけとなるのではないかと考え、私を支援してくださっているのです。

本書は、そういう点で、私の除名の是非という狭いテーマを議論する本ではありません。日本の政治を変えるために共産党はどんな役割を果たせるのか、そのために共産党はどんな党にならなければならないのかという、日本の将来にとって欠かせない問題を考察する本でもあると思います。多くの方に手に取っていただき、周りの人びととの議論を興してほしいと考えます。

『松竹さんを共産党に戻してください　除名撤回裁判を応援します』●目次

1

内田樹さんとの対談
除名撤回裁判をどうたたかうか

松竹　皆さんこんにちは。今日は内田樹さんのお家にお邪魔をしております。
ご存知の方もおられるかと思いますけれども、私は共産党から除名されたことを受けて、除名を撤回してほしいということで、今週、（２０２３年）３月７日に東京地方裁判所に訴えを起こすことになりました。
その裁判を支えようという方々で「松竹伸幸応援隊」をつくっていただいたんですけれども、その顧問を引き受けて下さっているのが内田樹さんです。どうも本当にありがとうございます。
内田　お安い御用です。顧問ぐらいは（笑）。
松竹　それで今日は内田先生のお家にお邪魔して私の裁判の問題について語っていただこうと。――いろいろと私の除名のきっかけになった本の推薦をいただいたことで、内田さんにもいろんな波風が……。
内田　いや、僕はぜんぜん。何の波風も来てません。
松竹　あ、そうですか（笑）。でも、おそらくこの一年間、共産党について感じることもおありになったかと思うので、率直なご意見なりを伺いたいと思ってやって参りました。よろしくお願いいたします。
内田　もう、話し始めていいですか？
松竹　はい、どうぞ。

党首公選の意義——党内議論を「公共の場」で「知的な公共財」に

内田　あの本、『シン・日本共産党宣言』（文春新書）の帯を書いたとき、あれは去年の——。

松竹　去年の1月ですね。

内田　もう1年以上前なんだ。そんな前のことだったんですね。そうか、統一地方選挙が4月にあって、その前だったんですよね。思い出しました。

同時期に『希望の共産党』（あけび書房）というアンソロジーが出まして、僕はそこにも共産党に期待することを書いたんです。共産党はこれから日本の政権交代や政局の変化の基軸になる政党だと思っていましたから、ずっと共産党を支持していました。地元の市議や県議の方の選挙応援をして来ました。国政の場合も、共産党から出る候補の応援をして来ました。京都市長選挙も前回の2020年のときは福山和人さんの応援をして、街宣もお手伝いしました。

今回も松竹さんのご本を読んだときに、本を書かれた動機が党の未来に対する危機感だということがわかりました。党員が高齢化して、しだいに党員数が減少して来ている。得票数も落ちて来ている。党勢がじりじり衰退している。これから日本の政治状況の中心にあるべき政党の党勢が衰微しているというのは懸念しなければならないことです。だから、どうやって党勢を回復するかということが喫緊の課題になる。

松竹さんは共産党員として「どうやって党勢を回復するか」についてあれこれ考えた末に、党代表を公選したらどうかということを提案されたわけです。「民主化」って言葉だと、いまの共産党が非民主的みたいですから、言葉は慎重に使わないといけないのですが、組織をもっと透明化して、党内で何が起きているのかを見せてゆくことが、これからは大事じゃないかということを松竹さんは言われていて、僕はそれには賛成だったんです。

本が出たのは、ちょうど去年4月の統一地方選挙の前でした。だから、松竹さんはかなり戦略的に、この本の出版時期を選んだんだと思いました。共産党がどういう政党であるべきかということがメディアで話題になるというのは党勢回復にとって大きなプラス材料になるからです。「単純接触効果」というのがありますけれど、メディアで繰り返し共産党のことが話題になり、テレビの画面に志位さんや小池さんや田村さんや松竹さんが連日出てきて、共産党はどうあるべきか侃々諤々《かんかんがくがく》議論しているところがメディアでリアルタイムで報じられるというのは、選挙戦術としてきわめて効果的ではないかと僕は考えたんです。だって、共産党はどうあるべきかという問いをわがことのように考える有権者がそれによって増えるわけですからね。共産党がどういう歴史を経由していまのような政党になったのか、過去にはどのような党内論争があったのか、これまでどのような組織的な問題点を抱えていたのか、いま内部でどういう意見の対立があるのか……そういうことを可視化するというのは、政党にとって端的によいことである。僕はそういう考えです。共産党の政策や綱領や組織のあり方についての情報に接する機会が増えるということは、党勢回復に必ず資する。僕はそう思います。だから、松竹さんが党組織のあり方に一石を投じることを端的にいいことだと考えたんです。

松竹さんが提起されたのは、本質的なことだったと思います。どうやって党の透明性を高めてゆくのか、どうやって党内における議論を公開するのか、ですから。公開するというのは、党内議論を「公共の場」に差し出して、この議論を「知的な公共財」として、全国民が共有できるかたちにするということです。共産党の党内議論がどういうクオリティーのもので、そこではどのような語彙が用いられていて、どのようなロジックでことの理非が判定されているのか、ということは「内輪の話」じゃなくて、文化的・歴史的な「公共財」だと僕は思っています。

共産党が日本社会に「土壌」化した理由

だって、そういうものでしょう？　ソ連共産党でも、中国共産党でも、「党内闘争史」がありますけれど、あれは「政治とは何か」を学ぶためにきわめて有用な史料だと思うんです。マルクス主義の歴史はもう１５０年以上になるわけですが、それは世界史に深く刻み込まれています。マルクス主義の歴史を学ぶことは、世界史を理解するために避けて通ることができません。

僕は「比較共産党史」という学問分野があってよいということを前から申し上げているのです。フランス共産党、イギリス共産党、アメリカ共産党、朝鮮共産党、インドネシア共産党……そういった政党がかつて存在し、しばしば大きな勢力を有し、重大な歴史的役割を果たしたけれども、そのほとんどは歴史の舞台から姿を消していった。これらの党が衰微して行ったのはなぜか。それに比して日本共産党が生き残っているのはなぜか。これは検討に値する論件だと思います。

各国の共産党が衰退したのにはいろいろな理由がありますけれど、共通しているのは多様性に不寛容だったということだと僕は思うんです。世界のどこでも、共産党はコミュニズムの「総代理人（sole agent）」たらんとして、マルクス主義の自国内における「独占」を図った。マルクスの解釈についても、前衛党組織がどうあるべきかについても、綱領はどうあるべきかについても、共産党はマルクス主義に関してすべての理非を決定する唯一の権威たらんとした。

でも、そんなことできるはずがないんです。マルクスを読む人はどの国にもいるし、テクストの解釈が共産党の公式解釈と違う人もいる、前衛党がどうあるべきかについても異論のある人がいる。「共産党ではなく、私たちこそ真のマルクス主義者だ」と言い出す人たちだっている。それが当然だと思うんです。

日本共産党はそういう多様なマルクス解釈やマルクス主義運動組織の群れのなかに身を置いて、そのなかで自分が生き残るための「ニッチ」を見出すことに成功した例外的な政党だった。僕はそう評価しています。「総代理人」たらんとしたけれど、日本ではそれができなかった。たぶん日本は他の国に比べてマルクスを読む人の数が圧倒的に多かったからだと思います。さまざまなタイプのマルクス主義者がいた。だから、党が提示する公式解釈が他の解釈を黙らせることはできなかったし、「前衛党にすべての権力を」というレーニン主義的な組織論も通じなかった。でも、その「うまくゆかなかった歴史的経験」が、むしろ日本共産党の政治的成熟をもたらした。僕はそう理解しているんです。

いま、世界を見まわしても、国会や地方議会で議席を持っている共産党は例外的です。かつてフランス共産党は第四共和政の最初の選挙で第一党で政権与党でしたけれど、いまは国会の議席は数人です。イギリス共産党はジョージ・オーウェルが『１９８４』でそのスターリン主義的傾向を恐怖したほどの勢いがありましたけれど、久しく国会に議席を有していません。アメリカ共産党は１９３０年代にはリベラル派の知識人たちの結集軸でしたが、独ソ不可侵条約のときにスターリンに追随したせいで党勢が衰微して、いまは見る影もありません。インドネシア共産党は１９２０年結党ですから、東アジアでは中国共産党（１９２１年結党）、日本共産党（１９２２年）と並ぶ老舗でした。戦後はスカルノ政権の与党として権勢をふるいましたが、１９６５年の「９月30日事件」で党員が虐殺され、壊滅しました。朝鮮共産党は１９２０年代に結党され、日本の支配下でも独立闘争を続けましたが、戦後北の朝鮮労働党に統合され、いまは金一族が支配する独裁政になっています。ロシア共産党、中国共産党の現状については説明の必要はないと思います。

こうやって世界の代表的な共産党の「末路」を見ると、日本共産党が日本社会に「土着」したのが例外的な事例だということはわかるはずです。だとすれば、どうして日本共産党だけが例外的に100年の歴史を生き延びることができて、いまも国家や地方議会に多くの議席を有し、大きな政治的勢力であり続けることができたのか、これは重要な問いだと思います。

僕の個人的意見は、先ほど述べたように、日本共産党が生き延びられたのは、日本には国内にあまりに多くのマルクス主義者がいたせいで、共産党ひとりが「マルクス主義の総代理人」ではあり得なかったという党の「弱さ」ゆえだというものです。日本社会のふつうの市民を組織して、日本社会の内部に根を張るしかなかった。そこのところを日本共産党の方たちには分かって欲しいんです。あなた方がここまで生き延びて来られたのは、民主集中制で組織防衛をしてきたせいじゃない。日本社会のなかに生き延びられる「ニッチ」を探したから生き延びられたんです。

党内議論が文学作品に

たとえば、六全協以来の党内議論はいくつかのすぐれた文学作品の素材になっています。高橋和巳の『憂鬱なる党派』とか柴田翔の『されど我らが日々――』とか、日本共産党の方針をめぐる若者たちの苦悩や対話がそのまま文学作品になっている。こんなこと、他の政党ではあり得ないことです。党の方針が変わったので苦悩する自民党員を描いた文学作品なんて見たことないでしょう？　日本共産党の党内論争だけが文学作品になっている。文学になったということは、

「共産党はどういう政党であるべきか」という問いをめぐるさまざまな言説はすでに公共財だということなんです。共産党の路線変更や、それにともなう党員たちの混乱が日本の文学に豊かな素材を提供してきた。これは文学史的事実です。もし、共産党が組織マネジメントをしっかりしていて、トップの命令に全党員が整然と従う政党だったら、そんな政党の党員たちの葛藤が文学作品に結実することは決してなかったでしょう。中野重治『村の家』や堀田善衛の『若き日の詩人たちの肖像』以来、共産党とどうかかわるかということは日本の知識人たちに共通した思想的な「踏み絵」であり、それゆえ文学的創造の「源泉」であり得たわけです。若者たちが共産党にどんな期待を抱き、どう傷ついて、どう脱落して、どう転向して行ったのか……というプロセスそのものが日本の「近代」を鮮やかに描き出した。そういう「文学史的な貢献」において、日本共産党の地位は、他の政党とは比較にならない。

僕はそういう文学史的な文脈のなかで松竹さんの仕事も見たわけです。松竹さんは『憂鬱なる党派』とか『されど我らが日々――』とか『若き日の詩人たちの肖像』に出て来るような党員だと僕には思えたんです。こういう人が出て来て、「共産党はどうあるべきか」が公共的な議論になってゆくことで、日本の政治文化は成熟する。だから、松竹さんの活動を応援しようと思ったのです。

共産党のあり方が公共的な議論の論題になって、かなうことなら、すべての国民が日本共産党はどうあるべきかを「わがこと」として考える。僕はそういう展開をぼんやりと期待していて、

「おお、これだ！」と思ったんですよね（笑）。

政策論では一枚岩ではない

松竹　そうですね（笑）。いまの内田さんのお話と関係して来るんですけれども、２、３か月前にロシア研究者の佐藤優さんと対談することがありまして、対談のお申し出が向こうからあって。びっくりしたのは要するに佐藤さんにとっての日本共産党というのはもう「暗い」「怖い」存在なのに、「松竹さんの『シン・日本共産党宣言』を読んで、すごい明るい共産党というイメージをずっと松竹さんは抱き続けてきたんだなと、そんな体験したことがないから一度、話し合ってみたい」というお話があって。

それでたしかに私も大学のときに共産党に入って、まず民青に入ったわけですけど、民青の班会議では本当に選挙の前に各政党の政策を勉強しようというので、私は自民党の担当になったんですけども（笑）、皆が分担して政策を調べて論じ合うみたいな。共産党の政策を「正しい、正しい」と皆で読み合うのかなと思っていたら、全然そんなことはない。

内田　ディベートで松竹さんが自民党の政策がいかに正しいか論じたんですか？　面白いですね。

松竹　そうそう、すごい楽しい経験で。私がそのあと全学連の役員をやっていたときも、党員である私を指導していた共産党中央の人がいるんですけれども、それも眼から鱗でした。決まった方針を実践してみて上手く行かないことってたくさんあるわけですけれども、私がそれまで抱いていた党の指導者のイメージは、「それでもやっぱり党の方針が正しいんだから実践しろ」みたいなものだったのですけれど、その中央の人は、「上手く行かないのは方針が間違ってるからだよ」と言って、一度出した方針を別のものにして行く。「ああ、そうなんだ」と思って、だから私はずっと共産党ってそういうものだと思って若い時期に過ごして来ました。そのあと共産党本部で仕事をするようになってからも、これは『シン・日本共産党宣言』の冒頭部分にもだいぶ書きましたけれど、要するに共産党の中央委員会のなかでいろいろな問題で見解が実は対立しているのです。だから、議論を通じてそれが収斂していく過程を書いたんですよね。

たとえば「日銀の独立性」を謳って1997年に日本銀行法が改正されたとき、私は国会議員の秘書をしていたのですが、当時の国会議員はみんな「日銀の独立性」は当然だと思っていて、それを担保する法案だから賛成だと議員団で決めていたのです。ところが、衆議院の本会議で不破さんが初めてその場になって法案を見て、「いや、これは政府からは独立するけれども、独占資本からは独立しない法案だ」と判断した。そして、共産党が唱えてきた「日銀の独立性」というのは独占資本からの独立であって、共産党が政権をとれば日銀にちゃんと役割を果たさせることが必要だから、政府から独立という考え方は間違っているのだというので、自分は退席しちゃったんですよね（笑）。

内田　党議拘束に違反したんだ（笑）。

松竹　そうそう（笑）。けれどもその局面では、なぜ不破さんが退席したのか分からないし、議員団は予定通り賛成投票をしたのです。そしてその後、議員団のなかでは、「党首が決定に違反した。これは民主集中制違反だ」と大問題になりました。でも、その後の議論を通じて、参議院では反対することになります。他党だってそんなことはしないのですが、「一枚岩」と見られる共産党が衆議院と参議院で態度が違うということで、少し話題になったのです。

内田　面白い話ですね。

松竹　でもそういうことって全然国民の皆さんは知らないじゃないですか？　共産党のなかにそんなに見解が対立して、議論があって喧々囂々《けんけんごうごう》やっているって。でも、やっぱりそういうことを知ってもらうほうが本当に共産党への支持は高まるし、それを知ってもらう一番大事なツールとして党首公選みたいなものがあるのが共産党にとって大事だと。それが『シン・日本共産党宣言』を書いた動機でした。

私もそれなりのハレーションはあるかなと思ってはいたけれども、そういう方向に動いて行って欲しいなと思って（本を）出したし、いまでもそう思っているんですけども……。でも残念ながら、除名されるということになっちゃったということですね。

裁判の見通し——政党の「結社の自由」と個人の「表現の自由」

内田　このあと、どういう風になるんですか？　裁判では、「結社の自由」と個人の「表現の自由」がぶつかるわけですけれども、これまでの判例によるとどうもこういう場合には「結社の自由」のほうが優先しそうです。だから、最高裁まで行っても松竹さんが負けそうな感じなんだけど。

松竹　そうですね（笑）。その最高裁判例が１９８８年に確定して、これは袴田里見さんという共産党の副委員長を、あれは共産党側が訴えた裁判なんですね。要するに袴田さんは除名されたのに……。

内田　家から出て行かないっていうのが、ありましたね（笑）。

松竹　だから出て行けっていう裁判で（笑）。それでいろんなことが議論になって、やっぱり結社の自由は大事なんで、政党の規約がちゃんと適正に運用されて処分が決まったということだったら、もう裁判所はそこには介入できませんよ、と。

内田　そうですね。

松竹　とりわけ政党の場合は「結社の自由」という憲法で保障された権利もあるしということで。だからその後もついこの10年間ぐらいの間にも民主党の議員とか自民党の議員が除名されて裁判を起こしたことが——。

内田　あるんですか？

松竹　あるんです。それも全部要するに当時の袴田事件の判例をそのまま持って来て、政党側の勝訴となりました。規約が適正に運用されている限り、裁判所の審査権は及ばないと。だから除名というのは、共産党だけではなくやられていて、裁判になってもそういう結果になっているのです。

でも、袴田さんの除名をめぐっては、確かに規約は割と厳正に運用されているのです。最近、この事件の東京高裁判決を見たのですが、たとえば袴田さんが除名を宣告される共産党の統制委員会の会議が開かれて、党員はその種の会議に参加して弁明する権利があると規約に書いてあるんです。だから共産党の側はちゃんと袴田さんに対して、そういう会議があって、あなたの意見表明がそこでできるよと伝えた。ところが袴田さんは出なかったんです。

内田　う〜ん。

松竹　だから裁判所でも袴田は「自分は出られなかった」と主張したんだけれども、共産党はいろいろ証拠を挙げてちゃんと出頭せよと告知したみたいなことを言って、裁判所は〝あ、これは共産党の言う通り、ちゃんと規約は適正に運用されているよね〟ということになったんです。

でも、私の場合は、そういう権利があることは全然告げられなかったんですよ。理由は分からないんだけど。

繁文縟礼主義に弁明の機会が奪われる

内田　公式な機関での弁明のチャンスが与えられなかった?

松竹　そうなんです。それ以外にもいろいろあります。本当は私の処分は、私が所属している支部で決めないとダメなんです。私は出版社の支部にいるのでそこの支部で。

内田　出版社そのものが一個の支部になっているんですか?

松竹　ええ、出版社とあといくつか関連会社で合同の支部みたいになっています。けれども、支部は処分の権限を取り上げられて、地区委員会が直接に処分したのです。規約上、「特別な事情」があればできるとなっているんですけれども、それまでは「特別な事情」というのは党支部が崩壊しているみたいな場合に限定されていたのです。支部が崩壊していれば、支部で処分を決められないのは明らかなので、そのときは直接、地区委員会がやっていいという解釈だったのです。でも、私が所属していた支部は健全に運営されていて、私だって毎回毎回支部の会議には参加していたのですが、そこではやらせずに地区委員会がやるとか。

　最高裁判決は、規約が適正に運用されていれば、政党の側の判断を尊重する、裁判所の審査権は及ばないというものです。そこを考えると、私の場合は、規約上、いろんな瑕疵があると思っています。

内田　地区委員会に呼び出して当事者から弁明を聞くということは、規約にはないんですか?

松竹　いや、規約に書いてあるんです。規約に書いてあるのだから私が呼ばれなかったのはおかしいだろうというのが私の主張です。私の後に除名された鈴木（元《はじめ》）さんも、何月何日に弁明の機会があるから出て来なさいと言われて、出て行って、ちゃんと意見表明をできたのです。袴田さんも同じで、規約がちゃんと適用されたと判断されたので、除名が裁判で確定された。

内田　松竹さんはお呼びが掛からなかったんだ。

松竹　そうそう（笑）。2月5日に「あなたの除名処分を決める会議をします」とは言われたんです。でもその会議がいつ、どこでやるかは知らされなかった。処分されたあと、おかしいじゃないか、私にはそれに出る権利があるという通知がなかったじゃないかと意見を出したんです。でも党の側の返事は、「いや、ちゃんと5日に除名されることは伝えたのに、あなたはその会議に出たいと表明しなかった」と。

内田　なんと……。それはちょっと、よろしくないですね。そういう繁文縟礼《はんぶんじょくれい》主義は。

松竹　そういう権利があるんだったらね……。

内田　ちゃんと権利があるんだったら、いつだっていいから行使させて下さいっていう。

松竹　そうそう。だから、警察権の行使をめぐっても、黙秘権があるのに告げなかったことが問題になりますが、共産党はそういう権利は憲法上の権利なんだからちゃんと告げなければならないという立場なのですが。

党に戻りたいだけ

内田　それに、別に除名されたせいで、松竹さんが精神的苦痛を受けたとか、共産党員でなくなったことで、それまで享受していたさまざまな権益を失ったからその分の賠償金を払えとかそういう話じゃない訳でしょう。ただ「党員に戻してください」っていうだけのことでしょう。

松竹　中心はそこなんですよね。だから私の友達も「共産党を相手にして裁判するのだから、もう決定的に対立するよね」と言うのですが、私は、いや対立したいのではなく、戻りたいと言ってるだけで（苦笑）。

内田　本人が「戻りたい」って言ってるんだから、ねえ（笑）。戻してあげてくださいよ。松竹さんが党内にいることがそんなに迷惑なのかなあ。松竹さんが党員身分を回復すると、党が何か致命的なダメージを受けるっていうことでもないでしょう。いいじゃないですか、党内に変わった人が一人くらいいたって。松竹さんには党に戻ってもらって、そのなかでオープンな議論をどんどん展開して行って、全部は無理でしょうけれど、できるだけ党内議論の中味を一般に公開して行くようにして欲しいんですよ。それが共産党の党勢回復にプラスになると思うんですけどね。

松竹　いや、そうなんですよね。だから安保・自衛隊問題でもなかなか複雑な難しい問題があって、志位さんも苦労しているし私も苦労してるし……。

内田　ご苦労は存じております。

松竹　（笑）それぞれ苦労しているので、何か本当に一緒に議論して、よいものを作り上げて行って、と思うんですけれども。

共産党は困って悩んでもいい

内田　僕は日本共産党に対してですね、政党としてもっと成熟して欲しいということをつねづね申し上げているんです。成熟するというのは、「困ることができる」、「悩むことができる」ことだと思うんです。問題が解決できずに当惑している姿をそのまま見せることができるというのが成熟の証だと僕は思うんです。どうして、いつも平然と「正解を私はすべて知っている」。これまで政策判断を間違えたことは一度もない」というような無謬性のポーズをとりたがるのか。言葉は悪いけれど、無謬性に固執するのは「子ども」なんです。志位さんだって、小池さんだって、どうしていいか分からないときには、困った顔をすればいい。「正解が分かりません」と正直に言えばいい。だって、いまの世界ってもう複雑怪奇なことばかりで、単純な善悪二元論では説明がつかない。ある政治的課題について、その正否が誰の眼にも一目瞭然という世界じゃないんですから、「どう対処していいかわからない」ということがあって当たり前なんですよ。そういうときは素直に「困った」「ちょっと待ってください」って言えばいい。すべての問題について正解を知っている政党、あるいは有権者にそう思わせることのできる政党が「強い政党」だと考えるのは間違いです。人間はそんなに単純じゃない。困ったときにははっきりと「困った」って言えて、答えを知らないときには素直に「答えを知りません」と言える政党の方が政治的にはずっと成熟している。そして、未熟な政党よりも成熟した政党の方が最終的には問題を解決できる可能性が高い。

この間「Ａｒｃ Ｔｉｍｅｓ」というＹｏｕＴｕｂｅのテレビを収録したときにジャーナリストの尾形聡彦さんと盛り上がった話なんですけれど、ハリウッド映画ではとにかく「困った顔」がチャーミングな俳優がスターになるんです（笑）。古くはクラーク・ゲーブル、ケイリー・グラント、ハンフリー・ボガード、ジョン・ウェインと系譜があって、近年では「困った顔」で大スターになったのはクリント・イーストウッドとハリソン・フォードですね。もう少し年下だとイーサン・ホーク、エドワード・ノートン、そしてライアン・ゴズリング。ハリソン・フォードが『スターウォーズ』で流行らせた決めのフレーズは「悪い予感がするぜ（I have a bad feeling about this)」ですけれど、そうつぶやきながらハン・ソロは「困った顔」で危地に飛び込んでゆくんです。この台詞がよほど気に入ったらしく、ハリソン・フォードは『インディ・ジョーンズ』でも口にしています。その困った顔のままトラブルの渦中に身を投じる。正解を知らず、どうしていいかわからないままに危機的状況に「えい、ままよ」と飛び込むときの「困り顔」のアップがとってもチャーミングっていうのがアメリカではスターになれる大きな条件なんですよ。まあ、どんな危険な状況でも、まったく困った顔をしない人もいますけれどね、トム・クルーズとか、シルヴェスター・スタローンとか、アーノルド・シュワルツェネッガーとか…。でも、そういう俳優はいま一つ人間的な深みを出せない。ハリウッドスターと政治家を同列に論じるのはどうかと思うけれども（笑）、「困った顔がチャーミング」というのっていうのは、業種を超えて「強い」と思うんです。事実、自民党の強さって「平気で困れる」という点にあるような気がするんです。もう政策だって、やること支離滅裂で、さっぱり筋が通っていないけれども、あきらかに自分たちが間違っている場合でも、平然と嘘がつける。あれが出来るのは「足腰が強い」からなんです。あれだけろくでもないことをやりながら、なお政権政党でいられる最大の理由は「自民党内でどのような議論が行われ、誰が何を考えていて、どういう策略を立てて、どんなことが起きているか」がほとんど全部可視化されているからだと思うんです。自民党は「悪いところ」がほぼ剥き出しにメディアやSNSで開示されている。こういう場合に使う言葉じゃないような気がしますけれど、自民党は「透明性が担保されている」わけですよ。ろくでもない政党であるけれども、その「ろくでもなさ」の中味が透けて見える。だから、自民党の支持者たちは安心していられる。メディアがいくら自民党の政治家の醜聞を伝えても、「そんなこと先刻承知しているよ」だと思うんですよ。「ろくでもない政治家」だと知った上で応援し、その結果自分はそこそこ受益している。だから、支持し続ける。そういうロジックなんです。

だけど共産党の場合は違う。裏金であれ、不倫であれ、議員の醜聞がリークされた場合のダメージは自民党の比ではない。だって、清潔な党であることが党の存在根拠の一つだから。非論理的なことも決して口にできない。論理的であることが党の存在根拠の一つだから。もちろん、倫理的で論理的な人が政治家になってくれるのは国民としてはたいへんうれしいことなんですけれど、その「しばり」があるせいで、共産党のふるまいが不自由になっているということはあると思うんです。たまには醜聞があっても、没論理的なことを口走っても、僕は構わないと思っているんです。そのときに「困った顔」ができれば。困った顔ができない人は「そんな事実は存在しない」とか「いや、あの言明には根拠がある」とかいろいろ弥縫《びぼう》策を講じて、結果的に墓穴を掘ってしまう。それよりさくっと「すみません」とか「今回は申し開きができません」とか言ってしまえばいいと思うんです。

「人間は葛藤を通じて成熟する」と言いますが、政党もそうなんです。政党もまた葛藤を通じて成熟する。いろいろなタイプの党員がいて、活発な党内議論があり、それが広く開示されていることが政党の政治的成熟にとってはとてもたいせつなことだと思うんです。何よりも、「困ったときには困った顔ができる政党」のほうが僕たちは支持しやすい。常に正しいと言い張る政党よりも、ときどき正解が分からなくて、立ち尽くす政党の方が僕は信じられる。別に有権者はあらゆる政治的イシューについてつねに正解を述べる政党を求めているわけじゃないんです。そうじゃなくて、自分たちと同じように戸惑い、立ち止まり、葛藤し、悩む政党の方を信じる。そういう政党にならなら自分を代表してもらえると感じる。そういう機微を共産党の上の方の方々にはご理解いただきたいんですけどね。

松竹　いやいや、私はそういう要素は生まれつつあったというか、あると思うんですよね。

昔は、やっぱり宮本顕治の時代は「困らない」というか（笑）、それが必要なそういう政治の情勢もあったとは思うんですが。

内田　そう、「困らない」の（笑）。何の間違いもない、無謬性っていうことが政治的な強みだと信じられていた（笑）。

松竹　でもいまのなんか見ていて、この間、今度委員長になった田村さんが総選挙に負けたときに、やっぱり共産党が「政権を目指す」と言った途端、国民が引いていったみたいなツイートをして、それが翌日に消されたっていうことがあって。

内田　自己批判させられて。

松竹　そうそう（笑）。で、ウクライナへの防弾チョッキも、まぁそれぐらいはいいと言いながら翌日消したとか。

内田　翌日すぐに消しちゃいけないと思うんですよね。もうちょっと議論して、議論の過程を公開して行くことが、国民に対する豊かな政治的な贈り物になると思うんですよね。

松竹　うん、だから田村さんがそういう発言をしたように、やっぱり党内の一番上の所にもいろんな意見の違いがあって、田村さんなんかはまだ党の中央に染まっていなかったからかもしれないけれども、そういうのは普通に言うべきだって思った訳でしょう、少なくともそのときはね。

だからそういう流れが普通になって行くことが大事でしょう。

田村さんのツイートはすごい共感を呼びましたけどね。

内田　そうですよね。だから今度の松竹さんの問題も、田村さんが代表になった後に、教条主義的な発言をしたせいで、せっかく盛り上がりかけた人気が一気に下がったような気がするんです。別に、松竹さんをかばう必要はないんです。ただ、もう少し困った顔をしてもよかったと思うんです。壇上で少し絶句してね、「立場上は松竹さんの処分は正しかったと申し上げなければならないのですが、個人的にはいろいろ思うところはある」ぐらいのことを言ったら、「ええ人や、この人は!」ってなるじゃないですか。

松竹　そうですね（笑）。

内田　アメリカの国務長官でブリンケンっているじゃないですか、あの人、すぐに困った顔するんですよ（笑）。困った顔がデフォルトなんです。ガザの問題でも、当然アメリカの公式立場を語るわけですけれども、深刻そうに下を向いて、眉根に深く皺を寄せて、「アメリカはイスラエルを支持するが、一日も早く停戦してもらいたい」と矛盾していることを言う。中国に対しても原則的には対立を辞さないと言いながら、なんとか協力できる手立てを探している。大統領がさっぱりリーダーシップを発揮できないなかで、アメリカがなんとか面子を保っているのは、ブリンケンさんがいつも困った顔をしているからじゃないかと僕は思うんです。私の申し上げる建前と内心の本音の間には「ずれ」がありますよと表情で伝えている。同時に発信してもいる。だから田村さんもブリンケンみたいに困ればよかったと思うんです。「その問題について、熟慮を要することだと思いますので、即答はしかねます」くらい言ったってよかったと思うんですけど、どう思います？

「自己批判」を求めるのはよくない

松竹　いやぁそれは……私も中央委員会で仕事をしていた身分で、本当にそういうことをやろうとすると、私の場合も「自己批判」を求められたこともあったので、簡単なことではないと思います。

でも、私も自己批判させられたときはそんなに自覚していなかったけれど、今度除名されてみて古い規約といまの規約と並べてみてわかったのは、古い規約には自己批判の重要性とが2箇所ぐらい出て来るんですよ。でもいまの規約は自己批判という言葉自体がなくなっちゃってるんです。

内田　なくなっているんですか？　それはどうしてなんでしょう。

松竹　いやぁ、そういう点では不破さんもよく考えながら、規約を改正する際に消したのだと思っています。

内田　自己批判っていうのはね、あれはよくないですよ、本当に。「自己批判」という文字列を目にすると、モスクワ裁判とか、革命家たちが「私は党を裏切りました」と言って処刑されて行く暗い歴史を思い出しちゃうじゃないですか。共産党の歴史を遡る限り、「自己批判」って、要するに本当に思っていることを言っていないということですよね。

松竹　いや、そうなんです。自己批判をして見解を変えさせるというのは、じつは共産党の規約では意見が違ったら保留していいって書いている訳ですよ。だから別に保留したままでいいんですよ。無理やり見解を変えさせるために何か指導をしなくていいんだから、そのままでいいんですよって。

「保留」や「棚上げ」も大事

内田　「保留」とか「棚上げ」とか、大事なことなんですよ。「松竹君がこんなこと言ってる。困ったなあ、デリケートな問題だから、ちょっと棚上げしておかない？　もうちょっと時間のあるときに、みんなでじっくり議論しよう」でいいじゃないですか。「棚上げ」「先送り」ってすごく大事なことなんですよ。だって、その間にどんどん歴史的環境は変わって行くわけですから。気がついたら、シリアスな組織問題だと思っていたことが案外たいしたことのない技術的な問題に縮減されていたりする。別にすぐに結論出さなきゃいけないことなんかないんです。大きな問題であればあるほど、結論を急がないほうがいい。早く結論を出すことがスマートネスだとか、あるいは政治的な廉直さだと信じているとしたら、それは違う。別に僕たちは何かあるたびに、一瞬のうちに正邪良否の判断ができる政党を求めているわけじゃないんですから。

松竹　いやぁそうですね。本当にそう思いますね。本当にそう思うけれども、共産党中央委員会で10年仕事をした身とすると、本当にそれが実践できるかというと難しい。

率直に言って、私はそうやって自己批判を求められ、全部ではないけれど部分的に認めて、でもこれではやって行けないなと思って党を退職した時期というのは、自分の人生のなかでいちばん精神的には不安定で、ダメになるんじゃないかと思っていた。自分の人生も半分終わりみたいな、すごい苦しい日々でした。

だからやっぱりそう簡単なことではないとは思うんですけど、でもそこを乗り越えないと、共産党はいつまで経っても何か怖くて近づき難い、国民からは相当遠い遠い存在のままになってしまう。

内田　いま、政党支持率って、共産党は何パーセントぐらいですか?

松竹　（調査によって）いろいろですね。だいたい2%から、2、3、4、5%。一時期、『毎日新聞』で8%っていうのも出たことがありますけど。全体としてはしかし、さらに減りつつある傾向ではあるとは思いますね。

内田　本当は今回だって田村さんに変わったわけだから、これで本当だったらボーナスがついて5ポイントくらい上がってもいいはずなんですけどもね。そんなに上っていないですか?

松竹　上ってないですね。「赤旗」も党大会後2か月連続して5000部とか減っています。いまのやり方が正しいんだっていうことで毎日毎日、発破をかけている状況だけれども、やっぱり大きな路線の見直しが必要なんじゃないかっていうことは本当に真剣に考えないと。

内田　とくにいまの自公連立政権がこの惨状ですからね。ここで政権交代しなくていつするんだと思います。いますぐに政権交代するとなったら、これは野党共闘しかない。野党共闘するためには「小異を捨てて大同に就く」ということで腹をくくらないといけない。「小異を捨てる」というのは、すり合わせができない論点については「棚上げ」「先送り」するということです。だって、すべての論点について、それこそ日米安保や自衛隊や天皇制などなどについて野党共闘に先立つ包括的な政策合意なんてできるわけない。だって、現に国論が割れているわけですからね。国論が割れるほどの重大な論点についてはじっくり時間をかけて考えるということでいいんです。対立点に関してはそのうち相談しましょう、でいいんですよ。それよりは目の前の自民党の腐り切った政治を終わらせることの方が優先する。自動車事故で失血死しそうな患者を前にしたときに「この人は心臓も悪いし、肝臓も悪いし、血糖値も高いし、尿酸値も高いので、全部同時に治そう」とは言わないでしょう。まず止血するところから始める。そうしないと死んじゃうから。いまの日本はその「死にかけた患者」みたいなものだと思うんです。全身病気だらけだけれど、とりあえず喫緊の出血部位は自民党の強権的で腐敗した統治です。これはいますぐに止めないと命にかかわる。心臓や肝臓の手当てをするのは、その後ですよ。まず政権交代をする。そして、第二次安倍政権以来のたまりにたまった統治機構の「膿」を全部出し切る。それが済んだら、その次に緊急性の高い政策を論点にしてもう一回選挙をする。そうやって、一つ一つ片づけてゆく。一回の政権交代で全部治すのは無理です。30年かけて日本がダメになったのだとしたら、再生するためには同じくらい時間をかける覚悟が要ります。

政権交代の基軸政党として「包容力」を

日本共産党はその最初の政権交代では絶対に基軸政党であるべきなんですよ。そして、基軸政党であるためには「包容力」が要る。正しさよりも、大きさが要るんです。政治的な力って、要するに「大きさ」のことなんですよ。どれだけ多くの国民を巻き込むことができるかで力は測られる。

「政治的な正しさ」よりも「政治的な力」の方が優先する状況ってあるんです。いまの日本はほんとうに危機的な状況です。国力が坂を転げ落ちるように衰微して行って、ほとんどあらゆる指標で日本は先進国最下位になっている。どんどん貧しくなって、後進国化して、先進国の富裕層の「草刈り場」になりつつある。

松竹さんは余り出歩かないからご存知ないかもしれないけれども、本当に「植民地化」が進行しているんですよね。スキー場なんてもう外国人の方が多い。外国から来た人たちがスキーをしていて、日本人は彼らが快適に休暇を過ごせるようにサービスする「召使」機能を果たしている。それはもうどこのリゾートでも同じ光景です。円安で遊びに来ている人たちは「日本は物価が安い、治安がいい、接客サービスがいい」と喜んでいるわけですけれども、それって、バブルの頃に日本人がイタリアやスペインやあるいは東アジアのリゾートで遊んでいたときと似たマインドなんです。物価が感覚的に日本の半分とか、もっと安かったから、「こんなに安くていいの？」と嬉々として散財していた。それと同じことをいまインバウンド・ツーリストがやっているわけです。そこまで日本の国力が衰微した。スキー場に行ってもそうだし、温泉に行ってもそうです。箱根なんかもう日本人より外国からの観光客の方が多い。

この間、早稲田の近くに住んでいらっしゃる方から聞いたんですけれど、高田馬場の駅前って昔は早稲田のための進学予備校がいっぱいあったじゃないですか。いまはそれが日本語学校になってしまったんだそうです。駅前を歩いていると耳に入るのは中国語ばかりなんだそうです。彼らは日本の大学、大学院に進学するために語学学校に通っている。日本の私学、とくに人文系の大学院はもうずいぶん前から定員割れが続いていて、中国からの留学生で何とか定員を埋めている。留学生がいなければ、大学院教育が維持できないほどに中国人依存が高まっている。

そうやって日本の様々なセクターが、観光から大学院まで、外国人に支えられて、かろうじて成立しているんです。そこまで日本の国力は衰微しているんです。中産階級が没落して、貧困層になり、一部の超富裕層に富が偏在している。貧困層に転落しても一代限りなら社会的上昇のチャンスがあります。一代目はまだ何とかなるんです。小さいうちに多少文化資本の恩恵に与っているから。でも、貧困二代目になると文化的なものとの接触機会が減り、三代目になると文化資本が絶望的なレベルになる。たとえ学校の勉強ができても、大学に入った時点で文学や哲学の話題についてゆけない、美術作品の鑑賞ができない、楽器の演奏ができない、スキーができない、テニスができないというかたちで文化資本の差があらわに可視化される。そうなるともう文化資本を豊かに享受している同級生たちの仲間に入れてもらえない。

経済格差は必ず教育格差をもたらし、教育格差は文化資本の格差をもたらし、階層が固定化される。そういうものなんです。だから、これはある意味で時間との勝負なんです。まだ日本人の多数が「先代までは中産階級だった」といううちに貧困からの離脱を果たさなければならない。

これはブレイディみかこさんが書いている英国の話ですけれども、生活保護受給が三代続くと、家族のなかに就労経験のある人が一人もいないということが起きるそうです。そういう人たちが「アンダークラス」を形成する。この人たちはもう朝起きて夜寝るという生活習慣もないし、決まった時間に食事をとるとか、出かけるときは見苦しくない服装をするとか、人に会ったら挨拶をするとかいう基礎的な生活習慣さえ身についていない。一度、そこまで落ちるともう社会的上昇は不可能になる。

日本にはまだ「アンダークラス」は集団的には出現していませんけれども、このまま格差の拡大を放置していると社会のあちこちにさまざまな理由で没落した「アンダークラス」が出現する可能性があります。もう手をつかねて、「貧困になるのは自己責任」とか言っていられる余裕はないんです。国民を貧困化させないことを最優先の政治課題にしなければいけない。医療の無償化、教育の無償化、貧困層シングルの生活支援や就労支援など、できることからすぐに実行してゆかないと日本には未来がない。とにかく共産党の人に頑張って欲しいんですよ、お願いですから。

『シン・日本共産党宣言』の反響

松竹　まさに冒頭で内田さんが仰ったように、あの『シン・日本共産党宣言』を私が出して、それなりに反響は大きかったです。

内田　あれ、党員のなかでも反響多かったでしょ。

松竹　大きかったですね。メディアがたくさん取り上げたから「松竹はメディアと権力と結託して」って言われるんだけど（笑）、メディアが注目したのも、やっぱり共産党が変われば野党が変わるみたいな、やっぱり野党の軸になり得るという――。

内田　共産党が頑張るしかないと思うんです。他の野党がなかなか軸になれないんですから。大きい野党は腰が決まらないし、政策軸がしっかりしている野党は惜しいかな包容力がない。

松竹　そういうすごい期待があったと思うんですよね。いまはちょっと別の方向に行っちゃっているんだけど、でもそういう政治状況自体は全然変わっていなくて、いまからでもやっぱり共産党の立ち位置次第で、野党の共闘が（あり得る）。

内田　軸がブレない政党っていうと、れいわ新選組と共産党なんですよね、真ん中にいる立憲が連合との関係のせいで、さっぱり腰が決まらないんですけれど、れいわと共産党がいくつかの論点で政策協定できたら、立憲は乗って来ると思うんですよね。だからね、何とかなりませんかね。もし田村さんと小池さんが僕らのこの番組を見ていたらですね、ひとつ野党共闘を実現して、政権交代していただけませんでしょうか。田村さんが閣僚になってもいいし、閣外協力でもいいから、政策決定の中心に立ってほしいんですよ。お願いします。

裁判支援のお願い

松竹　はい。私もそういう共産党を目指しますけど、でもとりあえず、すみません。裁判でやろうとしていて、内田さんにはその顧問をしていただいておりますけれども。

それでさっき最高裁の判例のことを言いましたけれども、要するに「結社の自由」がいまの判例のなかでは一番大事な基軸になっていて、「結社の自由」って私もすごく大事だと思うのです。私自身、その結社の一員としてずっとやっていて、共産党の場合は戦前にその「結社の自由」を踏みにじられて弾圧されたという他にない経験もしているわけだから、いささかも私はそれを否定するつもりはないんです。でもやっぱりそのなかでも個人の人権は、それは全然考慮しないでいいのかということにはならないので、どこかの均衡点を見つけなければならないということです。だから裁判では憲法学者の方とかにその辺の考え方について意見書を出していただいたり、そういうのを6人、7人とやろうとすると――。

内田　裁判のほうの応援は、この間すぐに送金いたしました（笑）。

松竹　本当にありがとうございます、もう本当に。

だから、ぜひこれ（YouTube）を見ていただいて――。

内田　そうですね、皆さんぜひ。裁判闘争って、やっぱりかなりお金がかかります。僕は前に山崎雅弘さんの裁判支援をしたんです。あのときは竹田恒泰という人が原告で、山崎さんは彼を「差別主義的」と論評したせいで名誉毀損で訴えられたのです。原告がもともと問題の多い人だったので、さいわいたくさんの市民の方たちからの支援があって、1000人を超える支援者から1400万円ほどの寄付を頂きました。裁判費用は総額で300万円くらいでしたので、ずいぶん余ってしまった（笑）。残金をどうしようか山崎さんと相談して、スラップ訴訟（威圧や恫喝、嫌がらせを目的とした法律上認められないことが明らかな提訴）の被告になって裁判闘争に巻き込まれている人たちの支援に使おうということにしました。残金を原資にして、これまでに伊藤詩織さん、水道橋博士、有田芳生さん、紀藤正樹弁護士などの方々の裁判闘争支援をしてきております。今回の松竹さんのはスラップ訴訟の被害者じゃないですよね。

松竹　いえ、まったく違います。

内田　趣旨が違うので、山崎さんの裁判を支援する会のお金を原資としてのご支援はできないんですけれども、内田個人としてはこれからもご支援いたします。皆さんもどうぞ、これを見ていらっしゃる方はですね、市民の浄財をですね、ぜひ裁判闘争のためにご支援いただきたいと思います。

こういう支援というのは金額の問題じゃないんです。山崎さんのときも、1000円とか500円とかいう金額を寄付してくださった方たちが何人もいました。500円を振り込むためにわざわざ銀行まで行ってくれたという、その志が僕たちにとっては励みになりました。ですから、1000円でも結構です。よろしくお願いします。

松竹　ありがとうございます。

私も裁判やって、自分としても納得したいからやるわけですけれど、共産党にとっても、共産党の人たちもよかったねと思えるような結果を生み出したいなと思っています。

内田　そうですよね。この裁判で共産党の面目を潰してやるとか、そういうことを松竹さんは全然考えているわけじゃないんです。僕もそんなことは考えていません。共産党は僕の敵じゃないんですから。そうじゃなくて、この裁判にできるだけ多くの市民が注目して欲しいということなんですよ。そして、共産党はどうあるべきか、共産党がどういう政党として日本の政治状況のなかでその存在感を示してゆくべきなのかを市民一人ひとりに「わがこと」として考えて欲しい。

裁判がそういう機会になれば良いなという気がします。

松竹　はい。僕もそのように思います。今日はどうもありがとうございました。

（本対談は２０２４年３月４日に「松竹伸幸ちゃんねる」がＹｏｕＴｕｂｅ配信したオンライン番組をもとに編集したものです）

2

平裕介弁護団長との対談
除名撤回裁判開始にあたって語り合う

松竹　今日、先ほど東京地方裁判所に共産党からの除名撤回へ向け提訴をしていまいりました。それで、13時に記者会見をしてこの会場に来ております。今日は私の裁判の主任弁護士、弁護団長の平裕介先生に来ていただいて、本日開始した裁判の意義はどういうところにあるのかについていろいろ教えていただいて、私も思うところを語りたいと思っております。平先生、よろしくお願いいたします。

平　よろしくお願いいたします。

平弁護士に裁判を依頼した理由

松竹　今回、裁判を開始したわけですが、それまで平先生については大変申し訳ないですが、名前も顔も知らなかったです。ところが、私の息子は大きな放送メディアに勤めていて、平さんをXでフォローしていて、私が平さんに頼むことになったと伝えたら、「ええ、すごいね、すごく尊敬している」と言っていました。

平　恐縮です。

松竹　メディアの一員として、すごく耳の痛いことをいろいろXで発言されていて、勉強になっているらしく、「よかった、よかった」と言っていました。今回の弁護をなぜ平先生にお願いしたかと言うと、私が、2023年2月5日に除名になって、毎日赤旗に、攪乱しているとか、攻撃しているとか、党を破壊していると書かれて、本当に自分の人生のなかでは精神的にも重圧に置かれた時期に、一方で応援してくれる、いろんな声もネットでもいろいろありました。もちろん自由法曹団の弁護士のなかでも、これひどいよねと発言される方もいたのですが、自由法曹団の会員でない平先生がXで、除名はおかしいではないかと、党首公選は普通のことではないかと発言しておられたので、なにか本当に裁判になったときは、頼ろうと思っておりました。それからもうだいぶ経ってからですが、裁判はやむを得ないとなったときに、平先生が所属している法律事務所にお電話をして、ぜひお願いしたいということになりました。

その過程で、私の友達には自由法曹団の弁護士がたくさんいるので、相談をするとやはり自分の所属している事務所は共産党との顧問契約とかがあって、利益相反でちょっと弁護はできないそうなのですね。でもちゃんと応援をするし、共産党の側の弁護士にもならないから安心して相談してくれというので、相談はいろいろしたのです。それで、そういう方々からも実際に弁護をするのに、自由法曹団である必要は全然なくて、表現の自由とか、憲法問題とかに長けている人だったら、そっちの方がいいと思うよというアドバイスもあったりして、平先生にお電話して引き受けていただいた次第です。

初めてお会いしてから何か月か経ちますが、本当に信頼をしてお任せできる方だという思いを、今日の提訴の日も含めて感じている次第です。どうも本当にありがとうございます。

除名問題をXで発信された動機

それでも、最初にお伺いしたかったのは、先生にとっては当たり前なのかもしれないですが、除名直後からあれだけXで発信されていたのは、何か思うところがやっぱいろいろあったのかなと、それをちょっと最初にお伺いしたかったです。

平　ご質問ありがとうございます。ご紹介いただきました永世綜合法律事務所に所属しております弁護士の平と申します〔現在の所属事務所はAND綜合法律事務所〕。東京弁護士会に所属していまして、日本橋・人形町に事務所があります。

何でということなのですが、私自身は別件で、2023年11月17日に最高裁判決があった映画「宮本から君へ」事件を担当していました。表現の自由をかけて闘い、高裁では負けてしまったのですが、逆に最高裁ははっきりと表現の自由を守るという趣旨のことを言ってくれて逆転で勝ったという経緯もありました。そういった特に憲法における表現の自由というところには、「宮本から君へ」事件だけでなく、こだわりがありました。本件の松竹さんのケースについて見ると、普通だったらちょっと考えられない事案だなと。出版の自由と表現の自由は憲法21条には別立てで書いてあり、その他一切の表現の自由のなかに、古典的・歴史的な特別なものとして「出版」という行為があり、あるいはその出版に関連する言論というものがある。松竹さんのケースでは、出版、言論、その他表現の自由が広範に侵害されているなということで、政党の問題だとしても、さすがに行き過ぎだろうという思いがありました。

「宮本から君へ」事件だと、補助金の問題なのです。何も表現活動できなくなったわけではなくて、むしろ映画は公表しているわけです。表現は十分行っているのですが、間接的にその補助金が出ないとされることによって将来の多くの表現者たちへの萎縮効果が生じることになってしまった。松竹さんのケースも、出版はできているし、表現の自由を直接規制される事案ではないのですが、出版したから除名だという、こういう構図になっているのは極めて問題だと思いました。

Xは結構頻繁にやっているので、よく覚えてないのですが、これも非常に問題だろうと思っていて、ツイートしたのだろうなと記憶しています。

党は原告の訴状を見ずにコメント

松竹　ありがとうございます。いろいろご相談した上で今日訴状を提出して、初めて私は東京地裁の中に入って、14階の窓口に行って訴状を出してきました。それでその後、先ほど言ったように記者会見をして、10数社が来て、活発にいろいろ質問もあって、映像も取られたということで、非常に関心が高かったです。

そのときにちょっとびっくりしたのは、あとで記者から教えていただいたのですが、今日15時か16時に共産党がコメントを出す予定になっているということでした。先ほど雑談していたときに平先生もおっしゃっていましたが、普通、裁判の日に訴状を出してその相手の被告のところに取材に行ってコメントされるのは、「訴状がまだ届いていないのでコメントできない」となるのに、訴状も見ずにコメントの内容が決まっている。だから、今回の除名自体が私は異例だとびっくりしているのですが、今後も異例な対応が続くのかと思って聞いておりました。

経済的不利益と名誉棄損

以前、友達に相談した際に言われたことがあります。松竹さんの今度の案件のすごいところは、とにかく除名された後、再審査を求めた途端に、私に対してかく乱者だとか、破壊者だとか、権力と繋がっているとか、人格攻撃、人権侵害、法律的に言うとすごい名誉毀損がされたところにあるのではないかということです。あんなことを言われたら、たとえば出版社の仕事にしても、編集者として著者を訪ね、本を書いてもらうおうとしても、著者の側が引いてしまうのではないかということでした。実際、「共産党に敵対するような人から依頼されても協力できない」と言われたこともあります。そういうことも平弁護士にはお伝えし、本日提出した訴状ができあがっています。

平　訴状はこの後アップされるのですか？

松竹　私のホームページにアップされています。

平　そうなのですね。ホームページにアップされた訴訟でも書いていますが、訴状の47ページのところです。

私は大学に9年ほど専任で所属していた期間があって、行政法を教えていて、いまでも非常勤をしていて大学はだいたいその全ての新聞が揃っているところが多くて、赤旗もちゃんと置いてあります。何か月とか、場合によっては1年とかずっと見られる、バックナンバーも見られるということなのです。あるいは大学ではなくても、普通の公立図書館、市立図書館にも置いてあるということで、もうタイムリーに、しかもバックナンバーとしても置かれ続けているものです。

そうやって全国的に名誉毀損、信用毀損行為というのがなされる、あるいは人格非難、人格的な攻撃がなされるのは普通ではないということです。これは共産党以外にないと思います。ここまで伝播性の強い影響力を政党の機関紙であり日刊紙としてできるというのはちょっと他の政党には普通はできないことなので、他の政党とはそこが随分違うなと、非常に強いメディアだなという印象がありました。それは47ページにも書いています。

袴田事件との違いと「部分社会の法理」

また共産党袴田事件との違いを言うと、昭和63年（1988年）の最高裁判決、これは小法廷ではあるのですが、原告が共産党、被告が袴田さんということで、除名されたことによって袴田さんが共産党の建物を借りていたと、家を借りていたということで、そこを追い出され住むところもなくなってしまったという、そういう意味での経済的な不利益があった事案で、本件とはそこが違うということです。

そして、注目すべきことに団体の内部問題については基本的にはタッチしないよということを言った昭和35年の大法廷判決が60年ぶりに令和2年（2020年）に変更されたことです。「部分社会の法理」という、そういった論理を採ったとされる昭和35年の判決は、団体の内部の問題については基本的には裁判所・司法権はタッチしませんと、それは団体のなかで解決してくださいということを述べたものでした。しかし、個人の裁判を受ける権利は、条文で言うと結構マイナーなのですが、憲法32条に規定があるのです。部分社会の法理には、団体内部の個人の裁判を受ける権利を一方ではないがしろにするものという面があります。もちろん団体のなかの、本件で言うと政党の党員の方の表現の自由だとか出版の自由だとか、そういったものも当然判断されないわけですから、翻って、それらの人権が軽視されてしまうわけですが、何より個人の裁判を受ける権利がまずその紛争との関係では保障されなくなってしまうという、そういう特別な法理と言えます。

その特別な法理ゆえに、憲法学者から民事訴訟の学者からも、あるいは行政法の学者からもずっと批判されてきて、ようやく最高裁が重い腰を上げて、60年ぶりに判例変更しました。そして、この昭和35年の部分社会の法理を引き継いでいるのが袴田事件で、この袴田事件は、やはりこの令和の時代においては、もう変更されないといけない、変更されるべきだと考えております。

弁護団としては、これを変更すれば、基本的には争える。たとえば除名の手続きだけではなく、こういう出版行為とか表現行為で除名された方の規約に関する党の違法行為も裁判で争うことができることになる、と考えています。こういう方は、鈴木元さんは別として、ほとんどいないわけです。そうではなくて、何か犯罪行為したとか――たとえば性的な犯罪行為をしたという人が千葉で除名されましたが――なんかそれと同じような形で除名するというのは、不合理なことだと思います。憲法的に構成するのであれば、それはやはり平等原則違反であったり比例原則違反であったりするわけで、そういった平等原則とか比例原則というのは民間の内部の団体にも法理として通用されるもの、通用すべきものなので、そういう観点からしたらやはりおかしいと思います。袴田事件は適正手続きの点について審査すると言っていますが、手続きだけではなくてその袴田事件を変更して、実体的な部分、いま言ったそのやりすぎだという比例原則違反だとか、不平等だとか、そういうところも裁判所はやはり一定程度審査しなければいけないと思います。そういった観点から、やはり古い判例を超えて、裁判所がきちっと審査をすべき、しなければならない案件だろうと思います。

綱領・規約違反の結論ありきの不当な調査

松竹 いま、平先生が言われた問題は、私もさっきの記者クラブでの会見でも言ったことと関連します。去年、除名される前に、共産党の京都府委員会と南地区委員会の調査を受けて、今度裁判するにあたって、もう1回それを聞き直しておこうと思って、1時間15分の録音を聞き直しました。実はその最初、冒頭に裁判するかもしれないみたいなことを言っているのですが、そのときはあまり裁判ということは本気ではなかったのです。

なぜ裁判という言葉を口にしたかというと、いまからやる調査を録音したいので、録音機を取り出して「ボタンを押しますよ」と言ったら、「ダメだ」と言われたのです。そのやり取りのなかで、「もしかして裁判になったら、証拠として提出しないとダメだから、言った言わないで争ったらお互い困るでしょう。ちゃんと録音したものがあった方がいいでしょ」ということで、録音するための根拠にするために持ち出したのです。そのときはだから裁判で使うというよりも、党との間でこれから、安保や自衛隊や党首公選をめぐっていろいろ議論になるだろうと思った。今日はその第1回目の調査だから、その次の調査のときに備えてちゃんと記録しておこうと、そういう気持ちでした。

　でも結局、実際にやり取りをしているなかで、これはもう裁判を覚悟しなければと思うやり取りがあったのです。たしかに憲法の結社の自由はあるかもしれないけど、その結社を構成する構成員は言論、出版の権利はどこまで認められるかを明確にしないとダメだと思った。いまの判例のままだと結局、結社の自由優先で、それはよくないと思っているから、バランスを取れるところはどこにあるのかというのは、どうしても裁判で明らかにしないとダメだということです。ああ、こんなことをちゃんと1年前に言っていたのだと思いました。

　なんでそんなことを言ったのかというと、共産党の調査の体験がそうさせたのです。たとえば安保・自衛隊問題について、京都府委員会と党地区委員長が私をお前は綱領・規約違反だというのでつめるわけです。それで、それを認めるかと言ってくる。私は「認めない。だって志位さんだってこういうこと言っているでしょう。その延長線上の範囲だから綱領・規約違反ではないと思うよ、そう思いませんか?」と尋ねても、京都府委員会が言うには、あなたの主張が綱領・規約違反だというのは藤田健氏の「赤旗」の論文（2023年1月21日「規約と綱領からの逸脱は明らか――松竹伸幸氏の一連の言動について」）でもう発表されていて、それは常任幹部会が的確だと認めていて、それはもう決まっていることなのだと。あなたが綱領、規約に違反していることはもう議論しても仕方がないのだと言うのです。

普通、調査と言ったら、相手はこう主張するが私はそうではないと主張する、ではどっちが正しいのでしょうねと議論するものです。ところが、実際には何の議論にならなくて、調査しようがしまいが、綱領・規約違反は決まっているということなのです。これはもう党内でどんなに議論していても仕方ないということなのです。おそらくその瞬間、そういうことを許容している最高裁判例みたいなのはよくないねと思ったわけです。

袴田事件判例の突破口は

裁判に訴える数か月前、平先生と、ZOOMで会議して、この数年前から、自民党議員の除名事件、民主党議員の除名事件の裁判例を事前に送っていただいて、袴田事件以降も、最近も実は似たような裁判例の判決が続いていて、本件とは違いもあるわけですが、いずれにせよ、そう簡単な裁判ではないですよ、それでも裁判しますかという問いかけがあって、もうそれはもう最初からわかっていることなのでやりますとお答えしました。弁護団としては、その辺の何を突破しようとしてされていますか？

平　もちろん判例変更というのは、当然ながら、先ほどのその昭和35年の判例を変更した令和2年の大法廷判決を出したその前に、判例変更できなかった訴訟がたくさんあるわけです。それがなんとか60年ぶりに実を結んだということになったわけですが、その一般論として、判例変更のあるような事案というのは、やはり多くの法律家あるいは当事者が問題意識を持つのです。

これはおかしいではないかと言って判例が出た後に何度かチャレンジするというのが普通です。平成25年の民主党の事件、令和に入ってからも自民党の議員の方、お医者さんでもある議員の方が、コロナの方針を巡ってマスクをつける・つけないだとか、あるいはワクチンがどうだということを、自民党と違うことを言ったということがいろいろあって、結局、除名されたというケースもあります。これらの他の裁判例をみても、やはり袴田事件というのは、一つのハードルになっていることは間違いないです。

そこで、今回は学者の先生方の意見書を出そうと考えていますが、そういう本格的な憲法上の主張、立証というのが先ほどの民主党議員や自民党議員の裁判例ではまだ尽くされていないのかなという印象を持っています。やはり判例変更するような場合には、そういった行為、訴訟活動は普通は必要不可欠だと私としては考えていますし、業界的にも概ねそうだろうと思います。そういう意味で、本気で一つの裁判に取り組んで、しかも憲法だけではなくて、これが政党の問題ですから、政治学の先生だとか、共産党を研究している先生とか、そういう方もいらっしゃると思いますし、憲法だけではない領域の方にも意見書を出して、きちっと争って、裁判官にきちんと判断してもらいたいです。

昭和35年の判例のバランスが悪いのは、つまり団体の利益によりすぎというか、簡単に言うと、団体の人権、権利に、利益に寄りすぎで、あまりにもその団体内部の個人の自由・権利が犠牲になってしまっていると、あるいは裁判を受ける権利すら認められないというのは、これはアンバランスにすぎるではないかと。どっちが優先というのではなくて、きちっと裁判所が手続審査に加えて実体判断までできるようにして、それで決着をつけようというのがいまの最高裁のスタンスではないかと思いますので、このスタンスに乗っかった判例変更を、ぜひ裁判所には行っていただきたいと思っています。

「結社の自由」は大事だが

松竹　私はいま、本を書いていまして3月末ぐらいに書き終えて、8月ぐらいまでには出版しようと思っています（文春新書『私は共産党員だ！』として上梓）。それを書きながら自分が裁判で何を主張したいのかというのを整理するつもりで書いています。結社の自由と、その結社内の構成員の言論、出版の自由との関係をどう考えるのかというのは、1年前の調査のときにふっと口で出て考えてきたのですが、ようやく自分なりのそのイメージができてきているという段階です。

私自身は、その結社の構成員として、ずっと半世紀近くやってきたので、結社の自由の大切さは、別に共産党から言われなくても、よくわかっているという強い気持ちがあります。共産党に対する攻撃を、自分に対する攻撃として受けとめてきたような要素がもちろんあるわけです。でも同時に、いま考えているのは、構成員の言論、出版の自由は無制限に認められないかというと、やはりそうは思わないという自分もいるのです。

　どこで認められるべきか。私なりに結論としていま浮かんでいるのは、自分は『シン・日本共産党宣言』のなかでも、あるいは他のどんな出版物のなかでも、共産党の綱領や規約が間違っているということは一言も言ったことがないのです。綱領と規約の範囲で、志位さんがいろいろと悩みながら言っていることを自分なりに受け止めて、ここまでは言えるのではないかという問題を提起しているつもりなのです。

　だからおそらく、私の主張が綱領・規約に沿っているか沿っていないかは、いくら裁判官でも判断はできないのかもしれない。けれども、少なくとも私が綱領・規約を全然批判していないことは事実として認定してもらえるだろうと思います。綱領・規約の枠で自分は文章を書いていることはわかるのではないか。

　かつ、分派というのは何かっていう問題があります。結局、共産党といろいろやりとりしましたが、共産党の側からは、分派の定義が一度も出てきませんでした。宮本顕治さんという人は分派をこう定義しています。共産党の綱領と違う別の綱領を持って党員の結集を図るのは分派だというものです。これを見て私はすごくすっきり納得しました。そういうことをやったら処分されるかもしれないし、あるいは共産党の綱領・規約を堂々と批判して、党員を結集しようという行為みたいなのはダメかもしれないが、私はそんなすごいことをやろうとしたのではなくて、党内で党首公選をやって議論しようと主張しただけです。そんなことまで、結社の自由を犯すものだというのでは、やはり許されないのではないか。そういう主張ができると思い始めているところです。

「立候補の自由」も争う

訴状では立候補の自由についても書かれていて、立候補の自由って何かみたいなこともあったので、その辺りも、何をどう争点にしようとしているのか、教えていただけないでしょうか。

平　訴状にも書かせていただきましたが、本件は、もちろん出版とか言論とか、表現の自由というのは問題になっているわけですし、あるいは裁判を受ける権利の問題になっているのですが、もう一つ重要な権利として、憲法15条に書かれている、立候補の自由というのがあります。最高裁の判例でも、誰がその労働組合のトップとしてその選挙に出るかを決議する際に、それを妨害しようとして、たとえば除名したとかそういうことやる場合には、裁判で争えるというものがあります。そこが何か部分社会の法理に引っかかるとか、まったく裁判で裁判所は受け付けないとか、そういうことにはなっていないわけです。労働組合では少なくともそういう話はなくて、本件も立候補の自由に関わるだろうと弁護団としては考えていまして、やはり先ほどの書籍のタイトルがそうですが。

松竹　「ヒラ党員が党首公選を求め立候補する理由」です

平　「立候補」という言葉が入っているぐらいなので、仮に立候補して党首になった場合には比例の名簿で普通は上位あるいは一番です。いま、共産党で一番の方は議長ですか？

松竹　志位和夫議長は南関東ブロックの1位です。

平　だから自動的にそうなる蓋然性というか可能性が極めて高いわけで、立候補の自由とも当然関わる問題で。党というのは単なる私的な団体ではなくて、公的な側面を有する団体なのです。共産党も、野党共闘というのが成立した場合には、政権党になる可能性もあるわけです。政権交代をしてその一角をたとえば共産党が担うという可能性があるということで、政権党となる可能性のある党が誰を議員にするのかということを決める権限を持っているわけです。

これは普通の民間の株式会社ではあり得ない話です。株式会社だと全面的に司法が審査をするわけです。他方で、公的な側面を持つ団体としての政党は、誰がその国家の権力者になるのかということのその最初の段階のことを決めるという、そういう団体なのです。そういう意味での公的な団体なのに、裁判になった場合には公的な団体について裁判所が一切タッチできないということになると非常に問題というか、立法権の一部を担う人材の除名問題について裁判所は一切タッチしないってことになると、やはり非常にアンバランスだろうと思います。

袴田事件自体が本当に時代遅れと言いますか、どうしてこの判例がまだ残っているのかということを考えてみると、やはりケースが少なすぎるからだと思います。昭和35年のほうは地方議会議員の問題で、地方議会議員は結構多いのです。実際裁判が多くて。地裁高裁レベルだったら何回もトライしてきて、ようやく60年かけて実を結んだ。他方で、政党の裁判は、本件含めて本当、数えるだけなのです。袴田事件以降から、やはり自分の所属している政党を相手にきちっとその憲法問題だという形で裁判を行ってきたというケースが少なすぎる。そういう意味で、立候補の自由というのも非常に重要になってきますし、ここも裁判では1つの大きな争点になるのかなと考えています。

手続き上の問題①　弁明の機会を与えなかった

松竹　ありがとうございます。今回の裁判では、そういう判例変更も求めるのですが、同時に、現在の判例の範囲内でも相当手続き上の問題点があるということも訴状のなかでは書いてあります。それでごく最近、自分が本を書いている関係で、本格的に袴田裁判に目を通しました。そして私の場合と全然違うと思いました。

私は2月2日に調査されて、そのときに2月5日に地区常任委員会の会議で除名されることを聞かされて、だから2月5日に除名のための会議が開かれることはわかっているわけです。しかし、どこで何時に開かれるのかというのは教えられなかった。それだけではなくて、規約上、私がその会議に呼ばれて弁明する、いまの規約の言葉で言うと、意見表明する権利があることも伝えられませんでした。そのことを、ずっと除名以降主張してきました。

それに対して、党の側からずっと言われたのは、2月5日に会議が開かれることは伝えたのに、あなたから会議に参加する、意見表明するという意思が表明されなかったということです。今年の1月の党大会における再審査で山下芳生副委員長が報告したことを聞いても、松竹氏からは2月5日の処分の日に何度も電話があったし、だから何度でも意見表明したいと言える機会があったのに、一度も松竹氏の口からはそういう言葉は出なかったということが書かれています。

しかし、意見表明の機会があるというのは、党の機関が与えるのが規約の定めになっているのです。だから党の機関が与えるということを本人に告げなければならないのではないかということを、私は主張してきたのです。袴田事件の高裁判決を見ても、袴田氏側は意見表明の機会を与えられなかったと裁判で主張しているのですが、党の側の主張は、ちゃんと何月何日に党統制委員会の会議があるから、それに出席できる、出席して弁明の機会がある、だから出頭しなさいということを袴田には伝えているのです。

高等裁判所はその事実認定をちゃんとやっている。そして党の側には手続き上の瑕疵は何にもなかったと述べている。そういう点でも私自身は、現行の判例の範囲内でもやはり今回の除名は争えると考えているのです。私の1か月後に除名された鈴木さんにも、何日の何時から処分のための会議を開くので弁明の権利があることを伝え、わかりましたというので、鈴木さんは会議に出て意見表明、弁明をしています。

それなのになぜ私だけにはそういうことを告げなかったのか。その理由を本当に知りたいと思うのです。

手続き上の問題②　支部の判断権限が奪われた

平　そうです。袴田事件は、これもポイントですが、実体の審査を明確に排除しているわけではないのですが、少なくとも手続きは審査しましょうというのが、袴田事件の枠組みにはなっていて、そこで仮に万が一、判例変更されずに、袴田事件ベースで判断がされた場合でも、一定の手続き違反があっただろうということは訴状でも書いていますし、あと2つぐらいあります。

支部が判断しなければいけないのに、地区委員会というその1つ上の機関が判断してしまっていると。ここには特別な事情というのが、非常に例外的な事情が必要なのですが、それがどうもその本を出版したことなのです。要するにその本を出版したことというのが特別な事情というのは、これまたやはりおかしな話で、そういう手続きの運用をするのであれば、その権限が、国で言うとまったく管轄外のところがその除名の判断することができてしまうのと同じです。

行政法に引き直してみると、行政法で典型的な重大な瑕疵・違法には、権限のないところが処分するというものがありますが、政党という公的な面をも有する団体で、そういうことがまかり通ってしまうというのはもう驚くべきことだと思いました。裁判では、こうした違法事由も主張しています。

手続き上の問題③　党大会での再審査のずさんさ

また、党大会の再審査は今回が初めてなわけです。初めてなので普通だったらちゃんとやろうって思うわけですが、その党大会でこの手続きについて、私たち弁護団としては、党大会で意見を述べる機会とか、あるいはせめて1枚でも松竹さんの作成したペーパーが配られるとか、何かあって、その上で、最初に反対の人はいますか、保留の人はいますか、賛成の人はいますかぐらいは確認して多数決ということが行われてしかるべきだと考えられますが、それすらしないというのは問題です。そのような手続きを経ることなく、約20名の人たちが密室でこうしましょうという「決定」をすでにしておいて党大会ではその「決定」の「報告」がなされたわけです。それで党大会で拍手というだけで決めてしまった。これでは、再審査という文言にも全然合わないです。党大会の再審査ってそういうものなのですかという話です。その再審査は行政法にもよく出てきますが、ある程度重たい手続きなので、共産党だとこんなにも簡単に除名という一番重大な処分の再審査手続をやってしまうのか、というのは意外でしたね。初めてだったらもっとちゃんとやるのかなと…。

実体的な違法性

あと実体的な違法性に関してもいろいろあって、こちらも訴状には書いたのですが、やはり総じていくつか、5つぐらい書いてあるのですが、やはり非常に広いのです、分派敵対行為、党の決定に反するというのも、どの範囲なのかという話です。

普通だったら除名は、会社で言うと解雇ですから一発アウトという話なわけで。除名は一番重たい処分なので、かなり慎重に判断する必要があるのですが、昨日報道がありました福岡県委員会の神谷貴行さんみたいな形で実質的に処分されてしまうというような、そういう使われ方をする規約自体が大丈夫なのかと、こんなすごく雑な規約の運用をするというのは問題です。

裁判所も、さすがにこのレベルは実体的な違法性についても審査できないものか。袴田事件というのは少なくとも手続きの審査はやりましょうと読むこともできますので、こんなにひどいことをやるのであれば、実体の審査、つまりその党規約の処分の理由がないでしょうと、その処分事由に該当しないでしょうということなども本件では審査されるべきではないかなということで、訴状にはそういったところも書いているということです。

松竹　ありがとうございます。いま、平先生にお話いただいたことが今日提出した訴状の概略ということになりまして、私の公式ホームページに訴状の全文48ページが掲載されています。また関連の資料も掲載されています。大部になりますが、ご覧いただければなと思います。今後の裁判の過程では、そういう資料を公開していろんな方々に事実を踏まえて透明性を持って判断していただけるようにしたいと思っております。

参加者からの質問への応答（要旨）

Q　党内民主主義について

平　若干の補足として党内民主主義について回答します。海外の話ですが、ドイツでは政党については民主主義であることが大前提でなければならないという規定がありまして、民主主義に反するようなことをやってはいけないとなっています。もし民主主義に反するようなことをやった場合には裁判所はきちっと審査します、特に手続きを中心に審査しますという規定がドイツでは憲法と法律で定められているのです。

日本では憲法上の根拠は、政党にはありませんが、袴田事件もそこは多少意識していて、結局、党のなかで決めたルールで、一番判断がしやすいのは処分の手続きなのです。普通は比較的明確なので。そこで、せめて手続きぐらいはみんなで決めたことで、党内のみんなで決めたことなのだから、みんなで決めたことを守っているかどうかぐらいはちゃんと審査しましょうというのが袴田事件のスタンスだという理解が一応ありえます。その根底には民主主義があるのです。みんなで決めたルールなのだから、ちゃんと運用するって当たり前でしょうということなのです。そこはただ、実体的審査になってくると、普通であれば、裁判官の判断がより難しい場合がありうる。つまり、敵対行為とか党の決定に反するのは、その手続きでたとえば意見を述べさせましたかとか、そういったことに比べるとちょっと判断が難しい。ということで、袴田事件は司法審査を手続きに限定しているようにも読めるのですが、根底には民主主義があるわけです。党のなかで民主主義ちゃんと守れていますか。そこは少なくとも審査しましょうというのは、さすがに袴田事件の裁判官も考えたわけです。

今回はその両方、すなわち手続も実体もダメなわけですよ。みんなで決めた党大会で再審査しますと言っているのに、一部の人で決も取らずに、はい、これでいいですと拍手して、普通は反対、保留、賛成の順番でやるのに。株主総会でも、結論が決まっていても、せめてそのくらいの手続きは経ます。いくら賛成が圧倒的多数であったとしても、反対の人が、たとえば何か発言をする機会がすらないと、あるいはその本人が発言したり書面で意見を述べたりする機会がないというのは、ちょっと再審査という言葉からはかけ離れすぎていて、その運用が守られていないというのは、つまり民主主義を極めて軽視していると。そして、これは手続きだけではないです。実体的な問題についても私は民主主義が軽視されていると思いますし、そういった民主主義を軽視するような政党というのがあるとすれば、それは裁判所はきちっと実体面も含めて審査しなきゃいけない。袴田事件もそこは多少考えているはずだと。

さらに、この袴田事件が変更されれば、当然のことながら、自分たちで決めた民主主義的なルールをきちっと適用しているのか、これを審査するのが裁判所であって、その裁判を受ける権利は当然あるというのが、いまの時代、令和2年最高裁判決以降の裁判例としてはそういう判断がなされるべきだろうと思いますし、本当に裁判所には期待をしています。

Q　仮処分について

平　仮の地位を定める仮処分というのは理論的にはあるのです。だから、仮に復帰させるというのがあるのですが、当然ながら仮処分の裁判ですので、そうするとやはり袴田事件が当然あって、まさに仮に判断されてしまって、ある意味では腰を据えた判断がしてもらえない蓋然性がより高くなってしまうということで、時期的に厳しいのかなということで、本件はもう本裁判として仮処分というのではなくて、除名本体をきちっと争って、除名の違法無効を前提に地位確認というのがベストではないかと。仮処分がまったくできないというわけではないと思いますが、今回は、仮処分を経ることなく訴訟を提起することになりました。

Q　党員によるネットでの誹謗中傷の拡散

平　国家権力を行使する国会議員について言えば、それは野党であっても当たり前ですが、当然ながら表現の自由はありますが、やはり限度があって他の政党でたとえば、女性のジャーナリストを誹謗中傷するツイートについて「いいね」を押しただけで違法行為、名誉毀損となった議員がいました。あれはもちろん、その表現の内容がひどいというのも当然ありますが、逆に言うと、「いいね」をしただけで、国会議員という権力者がやるから不法行為、名誉毀損になったという面があるわけです。

与党議員だからでしょうという発想をする人がいますが、決してそうではなくて、野党議員であっても全国民の代表者（憲法43条）ですから、大きな影響力があるわけです。たとえば、野党議員が役所に言っただけで私的なイベントが中止になってしまう事例が、最近も、実際あったわけです。中止する理由なんかまったく法的にないのに中止になってしまう。そういうものすごい伝播力、影響力、権力を持っているという人が、矢継ぎ早に毎日のように、場合によっては赤旗というメディアを使ったり、党のＹｏｕＴｕｂｅを使ったりして、どんどん個人を中傷してくるということは問題です。

訴状にも書きましたが、「善意の改革者を装っている」だとか、あるいは「真面目な人のやることではない」とか、侮辱的なことまで言ってきています。だから、国会議員の個々の行為をどこまで裁判で争うのかというのはまだ検討事項かもしれませんが、今回の提訴の文書が全てではないので、おいおい裁判が進むなかで、追加でこういう赤旗の発言というのもやはり問題ではないかとか、そういったことを何か検討するという可能性はあるでしょう。繰り返しますが、国会議員という権力者は「いいね」だけでも場合によっては不法行為になるわけですから、そこはもう本当に慎重に行動していただきたいと思っております。

Q　支援者へのアドバイスやメッセージ

平　多くの弁護士が、判例変更を狙うというケースで意識していることでしょうが、やはり多くの人に傍聴に来ていただきたいということです。裁判所は、結構そこは意識するだろうというのが、我々法曹の一応の共通認識だろうと思います。傍聴席に満員になるぐらい人が来るということで、裁判所としては、本当に注目されていて、真剣に判断しようということになると思います。もちろん、そうではなくたって真剣に判断してほしいのですが、裁判官も人間なので、本当に裁判所の外に出ると、人間味のある方は多いのです。法廷ではきりっとしていて鉄仮面な感じですが、人間味のある血の通った方が多いので、傍聴席に多くの人が居ると、これはきちっと判断しなければいけないと考えることが多いので、裁判の傍聴にぜひ来ていただきたいです。

1回目の口頭弁論期日は、メディアの方も来ていただいてとてもありがたいのですが、2回、3回となるごとに少し例の、先ほど冒頭に申し上げた「宮本から君へ」事件のときもそうだったのですが、減ってしまうこともあって、こちらの宣伝が足りないのもあるかもしれませんが、引き続きそこはずっと注目し続けていただけると、本当に弁護団としてはありがたいです。そういう関係でも、XやFacebookなどSNSで発言をしていただく、それは、何か問題意識だけでもいいと思うのです。こういう裁判があって、一つの政党についてここでも問題が起きているのだということ自体を、多くの方々に、国民、市民の皆様に考えていただくということも非常に大事だろうと思いますし、本当にこれは何か一政党の問題というよりかは、民主主義のあり方ですとか、政党のあり方ですとか、あるいは広く国政のあり方みたいな問題にも関わる大きな話だと思いますので、多くの方に関心を持っていただきたいと思っております。よろしくお願いします。

松竹　ありがとうございます。裁判に傍聴に来ていただくのはうれしいことです。私を支援する立場でなくても、別の立場でもちろん関心を持って勉強しようという方もおられますし、今後、期日のたびごとに、傍聴に行こうみたいなことを呼びかけたいと思っております。だから、私に対しておかしいではないかと思っている方も含めて、傍聴なりに来たからといって、「松竹分派」みたいなことはなりませんし、党員であれば、この裁判の行方はどの立場であれ知りたいことだと思うので、それ自体がとがめ立てされるようなことではないと思います。自分の属する党に対して本当に何年、何十年と前進してほしいって思って頑張ってこられた、その党員であるからこそ、この裁判の行方には関心を持って、ぜひ考えていただきたいと思っております。

それで私の裁判を支援していただける方には、1つは裁判の支援資金のカンパをお願いしております。松竹伸幸応援隊　というところにアクセスしていていただければ振込先も分かります。裁判用の名刺にも載っています。また本日から私、有料メルマガを開始しまして、週1回5000字程度、裁判が最高裁で結審するまでの毎週自分の思いを書いていきたいと思っておりますので、その購読も含めてお願いできればと思っております。

本日のこのイベントの模様をＹｏｕＴｕｂｅでライブ配信しておりますが、いまコメント欄を見ると、「平先生が弁護士になってくださってよかった」というご意見がたくさん寄せられておりますので、ご紹介しておきます。本日はこれで終わります。どうもありがとうございました。

平　ありがとうございました。

（本対談は2024年3月7日に「松竹伸幸ちゃんねる」がＹｏｕＴｕｂｅ配信したオンライン番組をもとに編集したものです）

3　池田香代子さんとの対談　ゲスト　川人博さん

市民と共感し合う共産党を求めて

松竹　皆さん、こんにちは。今日はどうもご参加いただきましてありがとうございました。ご存じのように、私は共産党からの除名の撤回を求めて裁判を始めましたけれども、その第1回目の期日が本日、東京地裁であったんですけれども、その法廷を傍聴されていた方々も、夕方6時からのこのイベントに多数参加していただきました。長時間拘束することになって大変申し訳ないですけれども、ありがたく思っております。

第1回裁判の感想

今日はその裁判の第1回でありますが、偶然、私が裁判を闘うためにつくった本『私は共産党員だ！』（文春新書）の刊行日とも重なりました。今後とも、裁判の期日ごとにこの種の取り組みをすることによって、私の裁判に対する理解を深めていただきたいし、自分自身も考え方を深めたいし、皆さんとともに考える機会にしたいと思っております。今日はドイツ文学翻訳家の池田香代子さんに来ていただきまして、池田さん自身も傍聴して来られたということもあって、その感想もお伺いしながら、皆さんとともに考えていければいいなと思っております。ぜひよろしくお願いいたします。

それで池田さん、今日は2時から来ていただいてありがとうございました。入れなかった人が40人近くいたそうで。

池田　私は運よく入れたのでよかったんですけれども、せっかく来てくださって入れなかった方おられたんですよね。

松竹　私も一体どれぐらいの方々がこの裁判に注目をして傍聴を希望されるのか分かりませんでした。労働組合がかかわっていれば、組織から見えてくるみたいなところがあるんですけれど、個人でやっているものですから、いまのＳＮＳの時代だから伝わってくることがあるんですけれども、実際にどうなるかは当日になるまでわからなかったです。けれども、多くの方々が関心を持っておられたんだなと思って、大変心強く思った次第です。

池田さんは今日、裁判傍聴されて、どういう感想を持たれましたでしょうか。

池田　松竹さんが、原告の冒頭陳述の最初のところでとても緊張なさっていたので、やっぱりこれは並大抵のことではないんだなと改めて思いましたけれども、10分の陳述の後半は、声に力がこもり、勇気と意志がみなぎっていくのが、生でそばで聞いていて伝わってきました。それで拍手をしちゃった人たちがいて（笑）。裁判長に再三注意されていましたね。一度注意されたら、もうしなきゃいいのに（笑）せざるを得ない。

松竹さんにはそういう迫力があったんだけれども、被告側の陳述は、途中で何を言ってるのかよくわからなくなって、頭が混濁してきました。

松竹さんのお話を聞いていて、改めて背筋が伸び伸びました。覚悟のほどというのが伝わってきて、すごくよいものを見せていただいたなという感じです。入れてラッキーでした。入れな

かった方、本当にすみません。（拍手）

共産党側の訴状に驚き

松竹　ありがとうございます。私は3月7日に提訴して、当初4月25日に第1回の期日が設定されたのですが、共産党からの延期の要請があって、6月20日まで延期されたのです。だから、提訴からもう3か月以上が経っていて、被告共産党の側が答弁書を準備する時間はたっぷりとあったので、一体どういうものが出てくるんだろうかと注目していました。5人もの弁護団が相当力を込めてつくっているだろうと思っていたのですが、つい1週間前にその答弁書が出てきて、本当にびっくりしました。私を除名して、除名の理由では党の綱領や規約への違反だとか、分派だとか、いろいろなことを言ってきて、手続き上も党支部から権限を取り上げた問題から再審査に至るまで全然問題がないんだと、あれだけのキャンペーンをされてきたので、それに弁護団が加わったら、どれだけのものが出てくるのかなと思っていた。そうしたら、そういうことを何も書いてなくて。

池田　何もなかったですよね。

松竹　そうなんですよね。結社の自由があれば何でもできるみたいな答弁書だった。

池田　被告側の弁護士さんは5人、そして松竹さんの側は3人でした。松竹さんの側の弁護士さんたちの方は平均年齢が低いから（笑）、フレッシュな感じがいたしました。
答弁について私は十全に理解していないから、間違っていたら補足していただきたいんですけれども、たしかに結社の自由は重要です。そこに司法がやたらと手を突っ込むというのは、それは私のような一般市民でもそれは怖いでしょうと思いますけれども、それだけをおっしゃるのですね。
そのことと表現の自由との兼ね合いというか、どこに落としどころを求めればいいのかというう、それには松竹さんの『私は共産党員だ！』にも出てきますけれども、袴田事件とかいろいろ先例もあり、落としどころを見つけるという努力の積み重ねが一応あるわけなんですね。それに対して、松竹さんが新しくそれを提起なさったというのが、松竹さんが今回提訴なさった理由だと思うんだけれども、被告側からはそういう議論をしよう、歯車をかみ合わせて主張と主張をぶつけ合って、何か新しいものを見つけようという、そういう感じが全然伝わってきませんでした。

松竹　おっしゃるとおりだと思います。だから私も、この答弁書を見たときにびっくりして、以前読んだ袴田事件の最高裁判決も読み直してみました。共産党が天まで持ち上げるあの袴田判決でさえ、結社の自由からくる権利の制限というのは、「一定の制約」だとしているのです。「一定」であって、無制限に国民の権利、党員の権利を制限してはならない。

池田　結社がね。

松竹　憲法で明記された結社の自由があるといえども、そこは言っているのです。しかも袴田判決の時代と違って、いまでは個人の人権という問題に対しての考え方は大きく変わっているわけです。池田さんが弁護団の年齢のことをおっしゃいましたけれども、いまの若い人たちも含めて、国民のなかでは、個人ではなくて結社という団体の権利が無制限だという権利の考え方は通用しないという感じがします。

除名や除籍が目立つのは

池田　これからの裁判の行く末なんですけれども、このまま議論がかみ合わないとどうなるのだろうかと心許ない。松竹さんにとって、そして固唾を飲んで見守っている私たちにとって、さらには最近、私がその松竹さんのこの除名のことを知ったから、それに類するニュースや情報に気が向くのかわかりませんけれども、なんか共産党除名とか除籍とかすごく多くて、その人々が声を上げている。

これは、いままでもあったのに、私が松竹さんのことに関心を持っているからそういうことが目に入ってきたのか、あるいはいま増えているのか？　皆さんの挙げている声が私なんかにも届くということは、いまのＳＮＳですとか、こういう通信が個人で発信できるという環境になったから、私がこの目に入るようになったんですか、それとも増えているんですか？

松竹　それは両方だと思います。共産党のなかでそういう問題を何とかしないとダメだという人は、やはり昔からそれなりの数はいたのだと思います。でもこの間、野党共闘が盛り上がって、でもなかなかそれがうまくいかないという状況のなかで、このままの党のあり方でいいのかということを考える人たちの数は増えてきています。分派と言われましたけれども、私も何か提案しないとダメだと思ったのと同時に、鈴木元さんもやはりそういうことを思っていた。連絡を取り合っていたわけではないけれど、そうなったということは、同じようなことを思う人がいろいろなところに出てきた、次から次へと目に映るという状況にはなっているんだと思うんです。

池田　そのなかで松竹さんは、文筆家でいらっしゃるから文章で考えをまとめ、それを発信することができる。含蓄が豊かでいらっしゃるから、とても早く、そういうやり方ができるわけですよね。

そういう方が裁判まで起こしてこの問題を提起するということで、多くの人が後に続き、いわゆるＭｅＴｏｏ運動が起こっているという感じがする。そのハブになり核になっているのが松竹さんであり、鈴木元さんでありみたいな。そこに、同じような立場の方が私も私もと出ているのかなという感じがする。

松竹　そういう人が多くなっていると同時に、それに対する共産党の対応が、そういう考え方を尊重して、よく話を聞こうという感じではなくて、摘発して除籍とかいうような方向になっている。これが非常に大きな問題かなと思います。

大好きな共産党

池田　共産党だけじゃなくて、他の政党でもちょこちょこ問題が出てくるじゃないですか。だけれども、いま私に集まってくる情報のなかでは、あっちでもこっちでも共産党の人が除籍とか、何か調査が始まったとか、そういうのが入ってくる。

私は共産党を好きなんですよ。私から見える共産党というのは、まず国会で「いいぞ！」と言いたくなるような質問をしてくださる議員の皆さんです。共産党が国会にいなかったらえらいことだと思います。なかでも私が個人的にいいと思うのは、いまは議員じゃないけれども、大門実紀史さん（現在は参議院議員）。経済関係の質問がぼそぼそと始まったと思うと、あっという間に大臣がロープ際に追い詰められているの。ああいうのすごいですよね。山添拓さんにしろ、本当にすばらしいと思う。

余計なことを言うと。大門さん、この間、一応国会を離れた後にちらっとお会いしたときに、お伝えしたのです。私、大門実紀史のことを「ダエモーン・マキシムス」ってお呼びしていたんですって。ギリシャ語とラテン語のミックスなんですけど「大魔王」ということ。大門さんは政府にとっては大魔王です。大門さんはそれを知らなかったとおっしゃっていました。これからも国会に復活してくださるといいと思います。

田村智子さんが桜を見る会のことを質問したのが金曜日だったんですね。次の月曜日に取材に行ったのは私だけだったと、この間、田村さんおっしゃっていました。それから地域で活動している方々です。本当に地域の方々はいい人たちばかりで、誠実で勤勉で、本当にいい方々です。そしてブリリアントな国会議員の方々と、共産党というと、この2つしか私は見えていない。

それで、松竹さんは何かあったのねとかぼんやりと思っていたけれども、その中は全然知らなかったんです。だから今回すごいショック。

松竹　今日の対談のテーマは事前にお知らせしていますけれども、「市民と共感し合う共産党を求めて」となっています。それは私の裁判とも関係のあることではあるんですけれども、独立したテーマみたいなところもあります。池田さんに対談をオファーするときに、どういうテーマにしましょうかということで話があって、こうなりました。

私が除名されてからもう1年以上たっていますが、池田さんとは出版社の編集者と著者という関係もあって、以前からお付き合いはあるんですけれども、池田さんはこの1年間ぐらい私の裁判に関しては発言をしておられなかった。それはなぜかというと、ご自分がどこかの場面で私と共産党の和解を取り持つことができないかと、すごく悩んでおられたからなのです。でもなかなかそれも難しいと思われたのか、顔を出して話をしてくださることとなりました。

私が日頃重視しているのは、裁判で共産党のあり方をただ批判するということではなくて、自分はどういう共産党を求めたいのかということなのです。それは池田さんも私も同じ気持ちなので、それをテーマにしています。

いまからそういう話をするんですけれども、実はこの裁判に大変関心を持ってくださって、いろいろと私もご相談したことのあるのが弁護士の川人博さんです。私がもう少し若いころには、過労死弁護団を立ち上げて中心になって活躍された方です。ごく最近で言うと、宝塚歌劇団のパワハラ事件で被害者家族の弁護人をされていて、テレビにも頻繁に登場されています。その川人弁護士が私の裁判についてもコメントをぜひしたいということで、今日この会にも来られておりますので、お話をいただきます。

川人博弁護士の発言

川人　どうもこんばんは。弁護士生活47年目になります。いまご紹介いただきましたが、特に労働問題。職場における人権の問題。とりわけ過労死、最近ではハラスメントの問題について取り組んでいます。
私のそういう普段の弁護士活動の眼から見て、この裁判あるいは事件というのでしょうか、どのように見えるかといいますか、私としてはどのような見解を持っているかということについて、最近、何人かの人にもいろいろ聞かれたりする機会もありましたので、今日こういう機会がありますので、ここで基本的な考え方をお話ししたいと考えております。

人権侵害は団体のなかでも起きうる

第1に、大前提は人権侵害というのは、国家権力との関係の問題だけではなく、さまざまな私的団体、企業との関係においても日常的に発生している問題であり、これらの団体による人権侵害を許さないということが、とても大切なことであると考えております。

よく、憲法は国家権力から個人の権利を守るためのものだと言われるのですけれども、この問題は一部に憲法によって国民に義務を課すということをしようとする動きがあるなかで、そうではないんだという意味で強調されている。したがって、国家権力から人権を守るのが憲法であると限定して狭く言い切ってしまうのは、これは間違いである、むしろ危険であります。

日常的な市民の人権侵害というのは、国家権力との関係でももちろんあります。さまざまな自分が勤務している、あるいは加入している団体との関係でさまざまな人権問題が発生します。その最たるものが勤務先の企業との関係でありますが、今日は企業の点は省略しまして、他にたとえば宗教法人あるいは政治結社、あるいは大学など、さまざまな組織団体のなかで人権侵害が発生しております。

いささか古い話になりますが、１９７１年から72年にかけて連合赤軍という政治結社がその活動のなかで、内部の構成員を次々とリーダーが殺害し、10人を超える被害者が発生しました。政治結社としてさまざまな大義名分のもとで、ついには仲間の命を指導部が奪っていく。こういう危険なものに結社というものはなり得るのです。

宗教についても言うまでもなく、オウム真理教、そしてこの間、とりわけ統一教会。これらは憲法20条で信教の自由が保障されていることを巧みに利用して、人権侵害を繰り返してきました。

労働組合も労働者のための組織ですが、これまでのさまざまな労働組合の活動のなかには、執行部に逆らう人間を暴力で抑圧するようなとんでもない労働組合もあります。

そして政党です。１９７２年に静岡で肝臓の治療のために入院をし点滴を受けていたある政党の党員の方がいました。その方のところに中央の本部から呼び出しがあり、病院から抜け出て4日間にわたり拘束され、電話もできず、家にも病院にも帰れず、ようやく4日目に解放されて、病院に戻ることができたという事件があります。この方は、その事件が起こってから相当期間が経った１９９０年代後半に『汚名』という本を出版し、その一部始終を詳しく書かれました。私もその方とお会いしたことはあります。

この呼び出した政党は、本件の裁判と同じ政党です。

さまざまな戦後の歴史において、信教の自由あるいは結社の自由について、戦前の軍国主義日本の教訓を踏まえて、国家権力との関係で信教の自由や結社の自由は大事だ、そういうことが強調されてきました。しかし、もう戦後80年近くなろうとしている今日、現実に進行していることは、国家権力との関係での緊張関係と同時に、私的団体の構成員のなかでのさまざまな人権侵害、ハラスメントが起きているということです。それは企業だけではなくて、さまざまな団体において進行しております。

ですから、そもそもこういう私的団体のなかでの人権侵害について、裁判所は審査を控えた方がいい、すべて裁量に任せた方がいいという議論は大変危険な話です。過去の最高裁判例を盾にとって、普段は人権や民主主義を強調している団体が、事実主張をまともに裁判の場で行わず、その判例に隠れて裁判をしのごうとしている。こういう訴訟態度は、私は大変残念であります。

被告代理人の皆さんも私の知っている人がたくさんいます。普段すぐれた人権活動、訴訟活動をやっている人たちもいます。だけども、今回、裁判での被告側の応対は実に残念でなりません。ぜひこの裁判で、政党のなかにおける人権侵害をいかに考えていくのか、裁量権の範囲だということで全て任せていいのか、あえて言えば治外法権にしてしまっていいのか、こういう問題を考える必要があると思います。

個人の結社の自由

それに関係して2番目の問題で、処分、除名処分の問題についてお話ししたいと思います。

時々知り合いのなかで、そんな意見が合わない執行部だったら、その政党はやめればいいんじゃないか。別の政党をつくったり、別の政党に移ればいいんじゃないかという意見を聞くことがあります。

しかし、私は結社の自由が保障している問題というのは、そういう問題ではないと思います。人は憲法13条によって幸福を追求する権利があり、19条によって思想良心に基づいて生きる権利があります。それに基づいてグループをつくり、政党をつくり、みんなと協力して社会貢献をしていく。いい民主主義国家をつくっていく。そういう思いを持って政党に参画していくんだと思います。したがって、すべての構成員がその政党の運営に積極的に参加する権利がある。

除名処分というのは、それを根こそぎ奪ってしまう、文字どおり結社の自由を踏みにじる行為なのです。不当な処分、合理性のない不当な処分というのは、言葉が強過ぎるかもしれませんが、死刑判決と言ってもいいほどのことを処分される人に与えるわけです。

不当な処分はハラスメントそのもの

ですから、松竹さんの裁判での処分撤回という要求は、これは政党内の紛争の解決の問題ではないのです。それは人権を擁護し、民主主義を社会に根付かせる上での不可欠な要求だと思います。そして、ハラスメントとの関係で言えば、不当な合理性のない処分がハラスメントそのものです。

令和2年（2020年）に厚生労働省が告示したハラスメント概念に基づいて言えば、第2類型の精神的な攻撃、名誉毀損、そして第3類型の切り離し排除行為、このハラスメント類型に該当する行為にあり、これが不当な、除名処分の本質だと思います。その上で言えば、私はこの裁判は、この組織的なハラスメントが許されてよいのかどうか。この問題をめぐる裁判であると考えています。

全国各地におけるハラスメント被害の問題についての出版物（日本共産党・元党員有志編『日本共産党の改革を求めて　＃ＭｅＴｏｏ　＃ＷｉｔｈＹｏｕ』あけび書房）を読ませていただきました。ここまで酷くなっているのかというのが読んでいて悲しいというか、涙が出るような内容でした。そして重要なことは、ほとんどのケースでその問題について、しっかりした謝罪と組織的な反省が行われていないということであります。

そして、松竹さんの処分を大会で議論した際の神奈川県議の方の発言に対する新しく委員長になる方の言動は、これぞハラスメントでなくて何だろうかと思うようなことであります。

このような優越的な地位を利用して組織的にハラスメントが行われている。これが残念ながら日本社会の人権と民主主義を目標にして活動しているはずの政党において起こっていることであります。もちろん、先ほど池田さんがお話しされましたように、現場では本当に人々の生活のために活動を続けている多くのすばらしい方々が共産党にはいらっしゃると思います。

ハラスメントは構造的問題

また、いまは幹部となって発言が制限されている方も、幹部になるまでの間、すばらしい活動をしたことが多かったと私は記憶をしております。その意味で言えば、個人の属性の問題というよりも、組織的な体質がこのようなハラスメントを生んでいる、あるいはハラスメントが起こっても居直る体質をつくっているということだと思います。

私は日本共産党の皆さんが今後ともより社会のために活動されていくことを、強く期待する一人であります。また、現にそのように行っている方々はたくさんいらっしゃると思います。

池田さんの先ほどのお話と、私も同じ心情であります。敵であるから対決して闘うという問題では本来はない。だけれども、このような一連のハラスメントを曖昧な形で解決して、「まあ、あなたはいいところもあるから」ということで見逃したら、この政党は衰退し、いずれ滅びると思います。ですから、しっかりとした批判をし、そして心ある人がその組織を変えていくように、皆さん方が活動に参画していただければ大変ありがたいと思います。

私はこの事件の代理人でも何もございません。一法律家であります。また、さまざまな社会運動に携わっている弁護士の一人です。ですが、この裁判の持っている重要性というのはひしひしと感じます。ですので、ぜひ皆さん方も今後ともこの裁判に注目し、そして、この裁判で原告と被告が正々堂々と事実を出し、正々堂々と主張し合い、そして裁判所が公正な判断を下す、そのようなものにしていただきたいと思います。

以上、私の見解といいますか、一個人としての見解でございます。法律的なさまざまな専門的な問題は、代理人の方々にお聞きしていただければありがたいと思います。

池田　川人先生のお話はすごく腑に落ちました。人権というキーワードですよね。たしかに憲法は国家に対して個人の人権を守ることをうたっていますけれど、過労死にせよ私の身近だとアカデミックハラスメントにせよ、組織対個人の場合の人権というのもいまきちっと守られるべきで、川人弁護士のような方々のご努力もあって、私たちもそれを自覚し理解してきたんだな。松竹さんの場合もやっぱりその流れにあるんだと。いままでのように組織のことに司法は介入するなということではなく、新しいレベルで新しい議論が始まったら、もうすごくいいことだと思いました。

松竹　実は私も『私は共産党員だ！』に書いてあるんですけれども、除名されてすぐのときに、池田さんのご近所の杉並区で出版記念のイベントをやった際に、関西の方から女性の共産党員がやって来られたので、なぜこんな遠いところまでやってきたんですかとお伺いしたのです。そうしたら、松竹さんが受けているハラスメントが、自分が党内で受けているハラスメントとまったく同じだとすごく共感をして、なんとか連帯したいと思ってやって来たということでした。

私は本当に恥ずかしいんですけれども、そのときまでは、自分が毎日毎日、「赤旗」であれだけいろいろ批判されていても、自分がハラスメントを受けているという感覚が率直に言ってなかったのです。私も古い世代なので、共産党というのはそういうことを普通にやる組織だという感覚があり、党員の大事な任務はそんな批判をものともせずに、逆にこちらが主張して懲らしめるのだ、それこそ党員の鏡だみたいな、何かすごくずれていた感じがあったのです。でもその女性党員に言われてハッとして、党内でいろいろパワハラとか問題になっているけれども、その被害者にとっても自分の裁判は意味があると自覚できました。先ほどの川人先生のお話を聞いて、本当に大事なことだなと思いました。

池田　とてもささやかな集まりだったんですけれども、びっくりしましたね。「今日はどこに泊まるんですか?」と聞いたりして、本当に残念でびっくりしました。それから、ＭｅＴｏｏがここまで広がる。そういう方々が共同記者会見をしたり、それが本（『日本共産党の改革を求めて　＃ＭｅＴｏｏ　＃ＷｉｔｈＹｏｕ』）になったり、そこに入っていない方々もたくさんおられると。

私はさっきも申し上げたように、基本的に共産党には頑張ってもらわないと困ると思っている人間なんですね。選挙の応援とか、共産党の躍進、もちろん立憲民主党にも行くんだけれども、最初に選挙の応援したのは小池晃さんです。それまでそんなことをするなんて思いもよらなかったんですけれども、お声がけいただき、そのときに小池さんが落選中だったんですね。私は考えて、この方は国会にいなければいけない。それで私に何かできることがあればお手伝いしようと思ったのが、最初に政治家を応援したというケースでした。そんなふうに共産党とのお付き合いは始まったんです。

2015年の安保法制強行採決から野党共闘へ

松竹さんとのお付き合いは、編集者として柳澤協二さんと対談しないかとおっしゃられて、いろいろな組み合わせの対談で、イラク戦争についてのいろいろな対談集(『脱・同盟時代　総理官邸でイラクの自衛隊を統括した男の自省と対話』かもがわ出版、2011年)を編集なさったときにご指名を受けてからですから、もう15年のお付き合いです。

そんな何となくは、それまでは共産党本部におられたとか、ちらちらとは伺っていたけれども、そんな感じでこの間、松竹さんの書かれた御本も読ませていただくようになって。私は松竹さんの精緻な思考についていけないこともあるんですけれども、今日の弁論意見陳述、違憲判決ですけれども、その全文はこの今日発売の『私は共産党員だ!』のあとがきを、5月にお書きになったように書いてあるけれども、自分がいま法廷に立ったら何と言おうかなというのを想定して配られた意見陳述の表面に載っています。

だから、今日の陳述は何度も練り上げたものだと思うんですが、その裏面に書いてあることは、本には書いていないわけで、そこに書いてあることの中心は、安保法制に対する松竹さんと志位前委員長のお考えについてです。

私は安保法制が通ったとき、忘れもしない2015年9月19日の未明に通りましたよね。本当に雨が強くて、私もできるだけ国会前にいて「野党は共闘、野党は共闘」って叫んでいた何万人のうちの一人です。でも、強行採決がされてがっくりしていたときに、翌日の20日午前中だったと思うんですけれど、ちょっと記憶が間違っていたらごめんなさい。志位さんが記者会見したんですよね。そのときに「野党は共闘」とおっしゃったんですね。私たちの声が聞こえていた。もうがっくりして、前日の雨に打たれて、もう体力も消耗していたときに、あのときの志位さんの会見には、本当にもっともっと元気にしてもらいました。しかも、そのときに志位さんが「野党共闘していかなければならない」とおっしゃって、「でも、相手のあることですから」っておっしゃったんですよ。こんな謙虚な共闘の呼びかけってあるんでしょうか。

それ以降、志位さんは自衛隊は現にあるんだから、何かあったときには使うっておっしゃったので、「立っている者は親でも使え」という言葉があるけれども、そういうことだなと思って、それは合理的なリアリスティックな判断で、本当はそれでそういうスタンスでというのはなかなかのことだと思ったんだけれども、その志位さんのそのスタンスと、松竹さんの自衛隊に対する、それからいろいろ御本をお書きになっていくスタンスと、私のような雑駁な頭には同じことを言っているように思っていたのです。

それが今日の弁論陳述の後半に志位さんの発言がいくつかあり、そしてそれを松竹も同じ意見だとおっしゃっているわけじゃないですか。この日米安保条約に対する考え方というのは、いままでの松竹さんと党の対立する一つの大きなテーマだったと理解しているんですけれども、志位さんだって言っていることだと私の雑駁な頭で考えても、やっぱりそうなんだと思いました。もうこんなふうに思っている共産党、そんなことを言っていなかったはずなんだから、すごく柔軟性のある状況によって、このほうが実効性あると思えば変わっていく政党なんですよね。

党員のＭｅＴｏｏはレジリエンス

今回のＭｅＴｏｏ運動も、私、これこそは共産党の持っている共産党員が持っているレジリエンスだと思うんです。

レジリエンスな回復力。柳はしなやかで折れないと言うじゃないですか。重みを受けとめなければ跳ね返せないわけ。それが私はこのＭｅＴｏｏ運動、逆説的だけれどもだと思うんです。だから私は共産党に頑張ってほしいと思う立場から、このＭｅＴｏｏ運動を共産党そのもののレジリエンスにしてほしい。

いま私が私の眼に入ってくるだけじゃなくて、除名とかそういうのがどうも増えている傾向のように、そういう純化は良くないと思うんですよ。たとえば、鉄は元素記号Feの鉄だけだとすごく脆いでしょ。だから、鉄を実用的に使うときには、マンガンとかちょこっとだけ入れるわけじゃないんですか。だから、純化はよくないと思うの。

そういう大きな政党としての挑戦でも私はあると思うんです。それを松竹さんがこうやって発信してくれるから、私も広がっていくよう、とてもこの展開を注目していきたいし、期待もしています。

純化するのはよくない

松竹 いま、池田さんが言われた純化という問題は、私も大変大事なキーワードだと思っています。さっき池田さんがおっしゃった2015年の新安保法制の闘いがあって、それで法律は通ったけれども、志位さんが野党の国民連合政府を提唱して歓迎されたわけですが、そうは言っても自衛隊や安保の問題でこれだけ意見が違うのにどうするんだということなのですね。

それまでの共産党だったら、意見の違いを克服して野党が頑張るようなことにはならなかったのに、そこで志位さんが「相手のあることですから」ということで、相手の立場をどう尊重して話し合っていけるのかと打ち出されたわけです。これは本当に何事についても大事で、池田さんがいま私のつくった本のことを言われましたけれども、柳澤さんという防衛省の官僚だった人が、イラク戦争の際に自分が官邸に入ってイラクの自衛隊を統括していた仕事をしてきたけれど、それを反省しなければならないと思ったのです。私はそれ以前、柳澤さんが主体となって防衛研究所の人とか、軍事専門家といっしょに抑止力の問題で本をつくったことがあるのですが、イラク戦争を反省する本をつくるのだったら、当時柳澤さんが官邸で推進していたイラク戦争に反対していた池田さんらとも対談すべきじゃないかと話を持ちかけ、そうしようとなったのです。特定の立場の人とだけではなくて、いろいろな立場の方々が手をつないでいけるのかということが、この問題では大事だと思ってつくったんです。

結局、いまの除名問題で進行しているのは、そういうものとはまったく違うことです。さきほど川人先生もおっしゃっいましたが、「こんなことをやっていたら、こういういいところもなくなっていく」というか、もう本当に純化なんですね。

党中央が何か決めたときに、それにちょっとでも異論を持つ人たちがいると、何か間違った考え方をしていると認定され排除が進んでいくみたいになっている。そういう点では、政治の世界でちゃんといろいろな人の意見を聞きながら、どう共感して協力し合っていけるのかということと、党内でいろいろな意見があっても、それをどう尊重し合っていくのかというのは本当に同じことです。片方だけがうまくいくということはないというのをこの間切実に感じています。

共産党が政治の世界でちゃんと立ち直って野党共闘の軸になっていくためにも、やはりいまの除名、除籍問題は反省をして、考え方を改めなければならないと強く思うんです。

池田　私も同じです。共産党の方とお話しすると、内部ではもういろいろな意見が出て、それをなんかよくないということはないのよとおっしゃいます。たしかにそうでしょう。全員が同じ意見だなんてことはあり得ないから、そういう話し合いが党のいろいろな組織でなされているんだと思うけれども、私のような外にいる者からどう見えるということなんですよね。それぞれ考えてほしいなって。

本当に田村さんが委員長になる前の党大会の結語で、真っ先に問題をちょっと質問した方に対して、高圧的なことをおっしゃったじゃないですか。本当に「あちゃあ！」って思いましたよ。そういうのがどう見えるかも、ちょっと気にしてほしいなって思う。

人間も政党も不完全な存在

中島岳志さんという保守主義者を自認する政治学者が、もう共産党しか投票先がないんだと言っていて。なぜならば、共産党は一番自分が考える保守主義的な政党だからだとおっしゃるんです。中島先生の考える保守主義派エドモンド・バークのような保守主義だと思いますが、バークは人間は不完全な存在であるというところから出発する。自分たち頭のいい人たちが考えたんだから、この設計図の通りにやればうまくいくのでなくて、もう本当に失敗しながら、そのミスを微調整しながら何とか社会を良く指定していくんだという意味での保守主義、つまりそれが共産党だというのです。

裏返せば、中島さんも共産党に自分らも不完全の存在だということをもっと前面に出してほしいという願望があるんじゃないかなと、私は最近思うんです。その方が格好いいという風潮にいまやなっている。そういう時代なのではないかなって思っております。

松竹　それはおそらく中島さんや池田さんだけじゃなくて、いろんな党外の方々が共通して共産党に思っているところでしょう。私が裁判をするにあたって最初に対談した内田樹さんも、何か政党にとって非常に難しい問題が起きたというときに、これが唯一正しい方法だと醸し出すような政党だと、ちょっと近づきたくなくなるとおっしゃっていました。そういうときは普通に、実際は心のなかでは困っているわけだから、そのことを表情にも出して、何かすごく難しく、判断が難しいことが起こって、困ったなって、困った顔をして考えていこうみたいな。そういうふうにしたら、外からの見え方も大分違ってくるんじゃないかなというお話をされていました。

かつ、政党のなかでは間違いない決定なんだというだけではなくて、内田さんが書いてくれた私の本（『シン・日本共産党宣言』）の帯にもありますけれども、決める過程ではいろいろな試行錯誤があるんだろうから、実はいろいろな反対意見も賛成意見も別の意見もあるなかで決めているわけだから、党内論議の中身を公開したらどうかということですね。共産党だって意思決定する上では迷いとか悩みがあって、ようやく決まっているんだということがわからないと、有権者の信頼を得られないと、多くの方が思っているでしょう。

でも残念ながら、今度の除名問題が起きてから、共産党は逆の方向に向かっていると思います。例えばこの間強調されているのは、共産党は「革命政党」ということです。革命政党だという言葉で表しているのは、悩んでいるという状態とは正反対に、決然として何か決める政党だとか、決めたことはどんな反対があってもやり抜くとか、そんな方向に進んでいるのではないかということです。ぜひ中島さんや内田さんや池田さんや、そういう方々の懸念を受けとめてほしいなと思います。

池田　そうなんですよね。迷っているとか困っているとかあって。なんかそういう姿を見せてはいけないというのはマチスモにくくられると思うんですけれども、そういうのってダサいでしょうというのがいまじゃないですか。だから、いま困っているんですか？　どうしたらいいでしょうね？　という方が信頼されるし。「あなたもそうなのね」と思えるし、そんな私たちは外部に絶対正しいものなんかで求めていないんですよ。どうやったらこのしょうもない社会を少しでも痛むことなく転がしていけるかということで、みんなで困っているんでしょう。みんなで迷っているんですよ。

そのなかで一緒に迷って一緒に困ってもくれる、そういう政治勢力というのを欲しているわけでしょう。私はやはりそういうことを共産党に求めたいと思うし、共産党だけじゃなくて、立憲民主党もちょっと何とかしてもらいたいんだけれども、私はやっぱりあのときの２０２５年９月20日午前中の志位さんの「相手のあることだから」という一言があって、私たちのこのリベラルの勢力を少しでも前進させる、そういうことになってほしいと思う。そのために共産党には本当の意味で松竹さんのしでかしたことに困ってほしいです。

共産党は困ってもいい

松竹　共産党は本当に困っていると思うんですよ。たとえば、いま問題になっているハラスメントについても、社会の常識からすると、ハラスメントがあったら第三者委員会を立ち上げて、そこで丁寧に審査して議論してやろうというのが当然の前提で、社会はそれで動いている。

ところが、共産党の場合は、そういう党内問題は外に持ち出してはならないみたいな、一貫した長い歴史がある。宝塚歌劇団のパワハラ事件のときにニュースを聞いていたら、宝塚でもそういうものを「外部漏らし」だということで、外の世界でもそういう概念があってびっくりしました。やはり組織のなかには、内部のいろいろな問題を外に出したら、組織に対する信頼が失われるみたいな、そういうふうに考えるような人もいるのでしょう。共産党の場合、それが規約として明記されているから、比べものにならないほど縛りがきつい。

でも、それは本当に逆なのだと思います。こういうものは、やはり社会の常識に沿って、自分たちのおかした問題を自分たちで審査するっておかしいでしょという、当たり前の考え方で臨まなければなりません。いまや経団連だって夫婦別姓を求める社会の流れに抗しきれなくなって態度を変えています。ハラスメントについても、企業のなかでも第三者委員会をつくることによって解決が進んでいるときに、共産党内でもそういうことを考える人はいると思うんですけれど、共産党は内部問題は外に出してはならないというので、何か閉じこもっているみたいと、外からはそう見えちゃうわけですよね。

池田　そんなことない。自覚していらっしゃる人も多いと思うんですよ。でもいかんせん、私みたいなところだと、そういうふうに見える。昔は、それは組織の恥を外に組織のなかで解決しない、外を漏らすとか――解決しないから外にいるんだけれども、宝塚やジャニーズにしろ、共産党にしろ、いままでの大変な思いをしてきたさまざまな場所の内部通報者たちの勇気と痛みを代償に、こういうものはきちっと外に出して、第三者委員会などを立ち上げよう、そういう解決の仕方が一番いいんだということがようやくわかってきた。だから、そういう流れに共産党も納得してもらいたいんですね。

松竹　さっき宝塚の外部漏しの話をしましたけれども、宝塚の事件のニュースを聞いていて、初期のころですけれども、こんなこともあるのかと思ったことがあります。宝塚の社長さんが、パワハラはダメだが団員に対する指導は必要だ、でも指導とパワハラの境界がどこにあるのかが難しいというお話をされていました。

共産党の29回党大会でも、田村智子氏が結語で代議員に対してパワハラをしたことが問題になっていますが、党指導部はそれを「指導だ」と認識している。指導の一環だったらパワハラでないと認識している。

でも、指導とパワハラの間での境界を見つけ出すのは、そう簡単ではないと思います。何か偉い人がいれば解決策が見つかるような問題ではなくて、一つひとつの事件を第三者委員会で審査しながら見つけていかなければならないのだと思います。党内外の議論や意見を踏まえて、それでも一体何年かかるかみたいな、それぐらい難しい問題だという自覚が必要です。でも、それができなければ、さきほど川人先生は滅んでいくとおっしゃいましたけれども、いまの社会に適合しない組織になってしまいかねないと思うんです。だから、いまは共産党にとってすごく大事な時期で、そういうことがいまこれだけ全国的に問われている。この問われているこの時期に、ちゃんと自分たちで――さっき池田さんはレジリエンスと言われましたけれども、回復力があるんだということが示せるかどうかというのは、そういうやり方ができるかどうかにかかっていると思います。

池田　私も本当にそう思います。ＭｅＴｏｏで声を上げた方々のお書きになったものを読むにつけ、ものすごくモラルが高いのね。こんな集団というのはないでしょう。共産党の人たちって、他の政党の人たちと比べてもらえるとモラルが高いと思うんですね。

共産党員になるというのは、ちょっと他の党に入るのと違うんだ、たとえば他の党など立候補したくて政治家になりたいから党員になるということで、そこで公認もらえなかったら別の党に入るとか、そういうカジュアルなところもあるけれども、共産党員になるというのは、ちょっとそのことと違う人生をかけたものなんだということが松竹さんの陳述書に書いてあって。

人間らしく真面目だし、モラルも高いんだと、私の周りの共産党の方々を見ても、今回のいろいろな方々のあげている声からも思います。本当に何度でも言います。これを共産党自体のレジリエンスにしてほしいと切に願っております。

松竹　ありがとうございます。

（本対談は2024年6月20日に「松竹伸幸ちゃんねる」がYouTube配信したオンライン番組をもとに編集したものです）

4　伊藤真さん講演　発言　吉田万三さん
共産党松竹事件の裁判の意義はどこにあるのか

松竹　私の東京での裁判が（2024年）6月20日に第1回期日が行われまして、2回期日は9月2日に東京地裁第41号法廷で午前11時からとなっておりますけれども、その前に、ぜひメディアの方、市民の方に、今回の共産党松竹事件の裁判の意義はどこにあるのかということについて、伊藤先生にお話をいただきたいと思ってお願いをした次第です。

伊藤先生はご存じのように、伊藤塾の塾長をしてたくさんの法曹の方々を養成しておりますけども、同時に現在社会的にも話題になっている角川出版の人質司法事件でありますとか、去年に最高裁で逆転勝訴となった「宮本から君へ」の映画の助成金の事件で活躍をしておられます。私の裁判の弁護団長をやっている平裕介弁護士も、この2つの裁判に関わっており、伊藤塾で講師もされています。

その平弁護士からは、伊藤先生が国家権力ではなくて私人《しじん》間の問題で話をされるのは大変珍しいことだということを伺っておりまして、私も大変楽しみにしております。

はじめに

伊藤　皆さん、こんばんは。今日はお招きいただきましてありがとうございます。私は共産党松竹事件のお話を伺って、これは原告との間の私人間の問題であることは確かなんですけれども、そこに裁判所がどうかかわっていくべきなのか。司法の役割、裁判所の役割という観点で見たときに、とても重要な憲法問題になるに違いないと考えました。裁判所がこういった団体内部の問題、特に政党という自主性が尊重される団体内部の問題に関して、どこまで介入していくことができるのかという重要なテーマがありますし、重要な人権にかかわるとても大切な事件が問題になったなということで、私もこの事件の推移を見守っていかなければいけないと思っております。

私自身は共産党員ではありません。ですが憲法価値の擁護という点で、共産党及び党員の皆さんには本当に感謝していますし、最大の敬意を払わなければいけないと思っています。今日は憲法という観点から見たときに、この裁判にどういう論点があるのだろうかということを少しお話させていただければと思っております。

私自身はよく「護憲派ですよね」と言われるのですが、護憲派か改憲派かと問われたときに、もう何年も前から「立憲派です」という答え方をしていました。立憲主義という言葉が新聞に登場するずっと前から、40年近く立憲主義、立憲主義としつこく言い続けてきた人間です。

最近、憲法と法律は役割が違うということが、ごく当たり前にメディアなどでも論じられるようになってきましたが、それでも日本では立憲主義という考え方の理解がまだ十分とは言えないのではないかとも思っています。この立憲主義を広めたいという思いから「立憲派」なんていう言い方をしています。

私は立憲主義の本質の一つが、異質な他者との共存を目指すことだと思っています。自分と価値観や考え方が違う人がいる。そもそも異なる者同士が共存する場が社会だろうと思っています。私は憲法13条をとても大切に思っていますが、憲法13条の最も大切な本質として、個人の人間として尊厳を尊重する、そして個性を尊重することだと考えています。個性を尊重するということは、お互いの違いを尊重するということにほかなりません。

ですから、憲法によって国家権力をコントロールしていくという立憲主義においてめざすべきは、社会のなかにおける異質な他者とどう共存していくのか、そういう社会をどう築いていくのかにあると考えています。個人のレベルで異質な他者との共存が重要であると同時に、国家のレベルでも異質な他国との共存をめざすのが憲法前文と9条の理念と考えています。日本と価値観の違う他国とどう共存していったらいいんだろうと考えることが憲法の平和主義なのだと思います。自分たちと違う国の人々を排斥したり、自分たちと違う考えの人々を排除したり、国家であれば敵対するのではなく、あくまでも共存の道を対話によって探っていく。異質な他者といかに共存していくのか。これを個人のレベルでも国家のレベルでも実現していくこと。それこそが立憲主義の重要な本質の一つなのではないか。ずっとそんなことを考えてきました。また、いろいろな場面で異質な他者とどう共存するかがポイントだということを話したりしています。

今日は最初に政党と司法審査の位置づけを確認します。それから、共産党袴田事件という判例がとても重要な先例となっているものですから、それについて少しお話をさせていただいて、この判例を変更することが可能なのか、必要なのかについて少しコメントをさせていただきます。

さらに特殊な「部分社会」と呼ばれますけれども、自治的自律的な規範を持つ団体の内部の問題に関して裁判所が判断できるかということに関連して、令和2年に岩沼市議会の出席停止事件というとても大切な判例が出ました。判例変更がなされたこの判決との類似性なども含めてお話をさせていただいて、最後に、この事件の特殊性として私が考えていることをお話しできればと思っております。

1　政党と司法審査

(1)　政党の位置づけ

イ　政党の憲法上の位置づけ

(a)　定義

今回は共産党という政党と、原告個人の間の争いですから、まずは政党は憲法上にどのように位置づけられているのか確認します。その前に政党の定義です。さまざまな定義がありますけれども、1つには「一定の政策を掲げ、それに対する国民の支持を背景に政府機構の支配の獲得・維持を通じてその実現を図ろうとする、自主的・恒常的な政治組織団体」という定義があります。

政策を掲げる、そして国民の支持を背景にしながら、政府機構の支配の獲得・維持を通じてその実現を図るということを言っているわけです。そしてもちろん政党は「自主的・恒常的な政治的な組織団体」、いわば私的な団体、私的な結社です。

後で指摘をしますが、私的な結社であると同時に、この定義のなかにもあるような「政府機構の支配の獲得・維持を通じて政策の実現を図ろうとする」ことを目指します。ですから、単純な私的な結社というわけではなく、権力にかかわる、もっと言えば権力行使を目的にしている私的な結社であるというところが大きな特徴です。

(b) 役割と意義

政党の役割と意義については、のちに紹介する判例では、「国民がその政治的意思を国政に反映させ実現させるための最も有効な媒体であつて、議会制民主主義を支える上においてきわめて重要な存在」とされます（最高裁昭和63年12月20日第3小法廷判決）。

政党は、社会に存在する様々な国民の声を、何らかの政策を提示して集約し、国民の声としてまとめ上げていく、そしてその政策を国会で反映させて実現していく。そういう意味では、民意の媒介という議会制民主主義を支える重要な役割を担っています。

(c) 憲法と政党の関係（トリーペルによる分類）

敵視↓無視↓承認及び合法化↓憲法的編入

政党と憲法とのかかわりをみておきます。そもそも近代立憲主義が市民革命によって始まった当時からは政党の位置づけは大きく変わってきました。たとえばフランス革命やイギリスの名誉革命などによって近代市民社会が生まれた当初は、意外にも政党は敵視されていました。

市民革命前の中世の時代には、市民と国家との間にある団体、これを中間団体と呼んでいますが、さまざまな中間団体が存在していました。職業組合であるギルドや地方都市、大学などもそうでしょうし、封建領主や政治的な結社などさまざまな中間団体があったわけです。中世のころは、その中間団体による人権の制約や侵害が頻繁にありました。たとえば学問をしたいと思っても、学問は大学でやるものだから大学以外のところでは許さないとか。国家と市民の中間にいる封建領主が国王とは別のさまざまな権利の制約をしてきたり。自分はこういう職業をやってみたい、たとえば鍛冶屋さんをやってみたい、外国との交易をやりたいと思っても、職業組合であるギルドがそれを許さなかったり。このように中間団体が人々の権利を制限してしまうことによって、個人の人権、市民の権利が抑圧されることが市民革命前には多々あったわけです。

そこで近代市民革命が起こったときに、さまざまな中間団体を否認・否定することが必要な時期がありました。地方自治を否定する、結社の自由を否定する、ギルドを解体するなどさまざまな中間団体を否認するときが市民革命直後の一時期にあったのです。そんな流れのなかで、政治的な結社も否定的に捉えられて敵視されていたわけです。

その後、ある程度「国家からの自由」が安定的に保障されるようになってきたなかで、政党のような政治結社を敵視せずに無視するようになります。これが第2段階。そして、その後の第3段階として、憲法がこれを承認する、または合法化する段階になります。

いまの日本国憲法はまさにこの第3段階にあたると言われています。現行憲法においては政党を憲法21条1項の結社の自由として保障している。政党を憲法は認めていますよという憲法的承認の段階です。さらにトリーペルは第4段階として憲法的編入の段階を指摘していますが、日本では憲法のなかに政党条項はありません。

(d) 現行憲法の政党に対する態度
「結社」としてこれを保障している（21条1項）→承認及び合法化の段階

たとえばドイツ憲法（ドイツ連邦共和国基本法）ではもちろん結社の自由は保障されていますが、さらに政党条項を持っています。ドイツ憲法9条に、「全てドイツ人は結社及び団体を結成する権利を有する」とあり、他にも職業の自由とかさまざまな人権が保障されています。それらの人権規定が終わった後に、連邦及びラント（州）の章立てが始まり、その冒頭には国家目標規定や抵抗権を規定する20条があり、その後の21条に政党条項があります。

21条1項は、「政党は、国民の政治的意思形成に協力する。政党の結成は、自由である。政党の内部秩序は民主政の諸原則に合致していなくてはならない。政党は、その資金の出所及び用途並びにその財産について、公に報告しなくてはならない」と規定します。そして、２項には、「政党のうちで、その目的またはその支持者の行動により、自由で民主的な基本秩序を侵害もしくは除去し、またはドイツ連邦共和国の存立を危うくすることを目指しているものは、違憲である。その違憲性の疑いについては、連邦憲法裁判所がこれを決定する」という規定が置かれています。自由で民主的な秩序というのはドイツ憲法の根本価値ですが、それを侵害するような政党は認めないということをはっきり憲法で規定しているのですね。これによって、たとえばネオナチ党などが解散命令を受けたりなどもしています。

日本はそういう立場をとっていない。憲法のなかで政党を積極的に明記したり、またそれを憲法のなかで規制したりする立場をとっていないというのが大きな特徴、出発点ということになります。

【最高裁昭和45年6月24日大法廷判決（八幡製鉄事件）】

八幡製鉄事件という法人の人権を認めた判例が政党に関する判例としても有名です。株式会社にも政治活動の自由がある、政治献金をする自由があるということが認められた判例です。このなかで政党について次のように言っています。「憲法は政党について規定するところがなく、これに特別の地位を与えてはいないのであるが、憲法の定める議会制民主主義は政党を無視しては到底その円滑な運用を期待することはできないのであるから、憲法は、政党の存在を当然に予定している」

まさにトリーペルの第3段階にあることを確認したと言えます。さらに「政党は議会制民主主義を支える不可欠の要素なのである。そして同時に、政党は国民の政治意思を形成する最も有力な媒体であるから、政党のあり方いかんは、国民としての重大な関心事でなければならない」とも指摘します。

政党のあり方が国民の重大な関心事ということを判例もしっかり認めているのです。株式会社などの法人にも憲法の人権規定が適用されること、つまり憲法の人権規定は、性質上、可能な限り内国の法人にも適用されるということを明らかにしたとても大切な判例です。そして、法人のみならずあらゆる団体が人権の主体となることを認めていると理解されています。

ただ、このように法人・団体に人権を認めたことで、その後いろいろな問題が起こり、結構、評価の分かれる判例でもあります。憲法を普通に勉強すると、法人の人権享有主体性を認めた重要な判例だということを知識として学ぶのですが、法人・団体の人権を認めたことが、実は団体内部や外部の自然人、個人の人権侵害を可能にしてしまったのではないかという指摘がありま す。昨今、問題になっている企業献金の問題もそうですけれども、さまざまな点で法人の人権を認めるということ自体に現在では疑問符が出ているのです。それでも、判例として、憲法は政党を予定している、そして人権規定は法人にも適用されることを明確にした点で重要な判例と言えます。

【最高裁昭和63年12月20日第3小法廷判決（共産党袴田事件）】

その上で、共産党袴田事件をみてみます。ここでも政党について八幡製鉄事件とほぼ同じことですが、「政党は、政治上の信条、意見等を共通にする者が任意に結成する政治結社であって、内部的には、通常、自律的規範を有し、その成員である党員に対して政治的忠誠を要求したり、一定の統制を施すなどの自治権能を有するものであり、国民がその政治的意思を国政に反映させ実現させるための最も有効な媒体であって、議会制民主主義を支える上においてきわめて重要な存在であるということができる」と言っています。

このように議会制民主主義を支える上で極めて重要な存在なのだと言った上で、次に、「したがって」とつなげて、「各人に対して、政党を結成し、又は政党に加入し、若しくはそれから脱退する自由を保障するとともに、政党に対しては、高度の自主性と自律性を与えて自主的に組織運営をなしうる自由を保障しなければならない」と判示します。

このアンダーラインを引いたところ、「政党に対しては、高度の自主性と自律性を与えて自主的に組織運営をなしうる自由を保障しなければならない」というところが、今回の裁判もそうですけれども、とても重要な意味を持つことになります。

なお、この判例ではこの政党に対してこうした自由を保障しなければならないと言う前に、「各人に対して」という言及がある点に注意が必要です。「各人に対して、政党を結成し、又は政党に加入し、若しくはそれから脱退する自由」を先に指摘している。そして、その上で、政党という団体に対しても一定の自律性を与えて保障するという書き方をしているところが、私はとても大切なことだと思っています。

言うまでもないことですが、結社の自由というのは個人の人権です。自然人一人ひとりの人間の人権として結社する自由、結社に所属する自由、結社から離脱する自由という個人の人権が保障されている。それを政党にあてはめれば、政党を結成したり、結成した政党に加入したり、政党から離脱したりする個人の人権をまず保障し、その上で組織としての政党そのものに組織運営をする自由を保障しているということを言っています。

言葉を変えれば、この政党の行動の自主性や自律性、組織運営をなし得る自由というのは、憲法がそのことを自己目的的に保障しているのではなく、あくまでもまず個人の人権としての結社の自由、政党加入の自由などが保障され、それらと政党の目的を全うするための自由として、政党自体に自主的に組織運営をなしうる自由を保障しているのだということが重要なのです。

□　問題の所在

さて、ここで政党の問題を考える際に必要な2つの観点を指摘しておきます。

(a)　私的結社でありながら公的役割を果たすため一定の統制が必要なこと

まず、政党は私的結社でありながら、統治機構として議会に参加する限りで、純粋な市民社会の内部組織と言えなくなるという観点です。権力性を帯びてくる。先ほど政党の定義にも出てきましたが、「政府機構の支配の獲得・維持」を通じてその実現を図るわけですから、まさに権力を行使する団体として権力性を帯びてきます。そこで法的な規制が必要となるのではないかということです。

簡単に言えば、政党は私的結社でありながら権力性を帯びる公的性質を併せ持つ存在です。この「私」と「公」のせめぎあいのところに、政党の問題の難しさがあるということです。私的結社であり私的組織である。だから自由でありたい。しかし、それにもかかわらず権力を帯びる、公的役割を果たすことが期待されているのが政党なわけです。私と公、このせめぎあいのバランスをどう取っていくのかということが、まさに政党の問題の所在です。

政党は私的結社ですから、その内部組織や運営は自由に定めていいわけです。たとえばその政党の党首をどんなふうに決めようが、それも政党の自由ですよね。お金をたくさん集められる人を政党の党首にしますという内部ルールでも別に構わないでしょうし、いまの党首が後継者を指名するという形で党首を決めるのが内部ルールというのでも別に構わない。いや、党員の選挙で決めるという内部ルールでもいいわけです。私的結社の内部での党首を誰がどう決めるかは、どうぞご自由にということです。ところがその政党の党首になりましたということは、衆議院の第一政党の党首であれば、ほぼ自動的に総理大臣になるわけです。

それを単純に私的な結社なのだから内部的な組織運営は自由だと放置していいわけはありません。たしかに政党は私的結社ではあるけれども、憲法は議院内閣制をとっていますから、政党は必然的に権力性を帯び、公的役割を果たすというところから一定の規制は必要なのではないかということです。

このように議院内閣制をとっている統治機構のもとでは、政党の自主性や自律性を尊重すればいいんだと、手放しには言えないと考えるのであれば、この私と公のせめぎ合いをどう調整したらいいんだろうということが次に問題になります。この調整のために政党を法的に統制するときに、意味合いが違う大きな2つの統制の仕方が考えられます。

1つが立法による統制です。政党法のような法律をつくって規制するという統制が考えられます。もう1つは、裁判を通じての司法による統制です。この2つはともに権力による統制、権力の政党への介入という言葉でくくられるかもしれませんが、その意味合いはまったく違います。立法による統制と司法による統制とは区別をして考えなければなりません。

たとえば政党の内部組織について、ドイツのように自由で民主的な手続でなければならないという形で、政党の内部組織等に関しても立法による規制をするとします。政治資金規正法などがありますけれども、お金だけじゃなくて、組織の運営についても何らかの形で立法による規制をするとしましょう。この立法による統制というのは言うまでもないことですが、その時点における国会の多数派が立法を強行して少数派政党を統制することが可能であることを意味します。

ですから、政党法などの法律をつくって内部的な組織運営をコントロールしようとすると、その時々の多数派による支配、多数派に都合のいい政党法というものができ上がってしまうおそれが生まれます。そのためこの立法による統制方法は極めて慎重でなければなりません。

それに対して司法による統制ということを考えた場合には、少数者の人権保障が司法の重要な役割であることを想起しなければなりません。権力による統制という点では法律による統制と同じようにみえても、司法権による統制はむしろ少数者の人権救済という観点からの統制という特別の意味を持つことがあるのです。

もちろん、法律が適用されての統制にもなることは当然ですが、それとは別に、少数者の人権保障という観点からの法的な統制という側面があるわけです。ですから、政党という自主的な、また自律性を備えた団体に安易に権力が介入してはいけない、公権力の介入を回避しなければいけないという基本姿勢はそのとおりですけれども、その介入する権力の中身によって意味合いが違うのではないか。立法権・行政権という権力の介入と司法権の権力の介入とでは、その目的、影響、効果がまったく違うではないかということです。

(b)　人権の主体であると同時に人権侵害の主体になり得ること

もう一つ、政党を考えるときに必要な観点があります。八幡製鉄事件の判例を通じて、対国家との関係では、政党を含めた法人の人権、団体の人権は保障されています。ですが同時に、法人・団体そのものが、その法人・団体の外部や内部の個人への人権侵害の主体になり得るということを忘れてはなりません。

これが法人の人権の二面性の問題です。法人の人権享有主体性を認めたということは、国家との関係では人権の主体なのですが、外部や内部の個人に対しては侵害の主体になり得るということです。たとえば八幡製鉄事件も内部の株主の思想良心の自由との緊張関係が問題になります。報道の自由、表現の自由が出版社やテレビ局にあるとなると、外部の個人のプライバシー権や名誉権とぶつかり合うことになります。会社に人事も含めた企業活動の自由があるとなると、その会社の社員の採用や解雇などの場面で、会社外部・内部の個人の人権とぶつかり合うわけです。三菱樹脂事件もそうでした。

このように、法人や団体の人権を認めるということは、その法人や団体は人権が保障されるべき人権保障の主体であると同時に、実は人権侵害の主体にもなり得るという観点は政党の問題を考える際にも重要なことです。

(2) 裁判所が判断できる問題か

イ 司法権

こうした観点を前提にした上で、政党という団体内部の問題について、裁判所は判断することができるのでしょうか。憲法76条1項に「すべて司法権は、最高裁判所及び法律の定めるところにより設置する下級裁判所に属する」とあります。その司法権の教科書的な定義として、「司法権とは、具体的な争訟について、法を適用し、宣言することによって、これを裁定する国家の作用」と理解されています。この司法権概念の中核をなすのが「具体的な争訟」（事件性）であり、これは「一切の法律上の争訟」（裁判所法3条）と同義です。したがって、「法律上の争訟」に当たらなければ、原則として裁判所の審査権は及ばないことになります。

ただ、司法権の行使以外でも、裁判所の判断できる例外的な場合がいくつかあって、それを客観訴訟と呼ぶのですが、その話はちょっと置いておきます。

「法律上の争訟」に当たらなければ、そもそも裁判所は原則として審査できません。では「法律上の争訟」とは何かと言えば、①当事者間の具体的な権利義務ないし法律関係の存否に関する紛争であって、②それが法令を適用することにより終局的に解決することができるものをいうと解されています。これは確定した判例の解釈ですし、この解釈は動かないと言っていいでしょう。ここを変えることは難しいと思います。

この「法律上の争訟」は先の2つの要素から成り立っています。まず第1要件として、当事者間の具体的な権利義務ないし法律関係の存否に関する紛争であることが必要です。たとえばこっちの教義の方が正しいんだといった宗教上の教義の正しさを争ったり、学問的な正しさを争うことは、そもそも法律に関する問題ではないですから、この第1要件を満たさないということで裁判所は判断せずに門前払いとなります。そして、第1要件を満たしたとしても、法令を適用することで終局的に解決できる問題でなくてはいけません。こうした二段構えで裁判所が判断できる問題かがチェックされるのです。これを前提にしたときに、今回の事件が果たしてこの法律上の争訟の要件を満たすかというところが、まず第1の関門ということになります。

これがたとえば損害賠償請求という形をとれば、問題なく2つの要素は認められるとみて構いません。損害賠償請求権という法律上の権利が認められるかどうかによって、少なくとも損害賠償をするかしないかという問題は解決できますから、損害賠償請求という訴えの形式をとれば、法律上の争訟性は認められると言っていいです。

しかし、党員の地位の確認のような話になってくると、その地位を確認することが具体的な権利義務ないし法律関係の存否の問題かという反論が出てくるだろうと思います。

それは衆議院の解散の効力を争った苫米地義三さんの事件でもそうです。この事件は衆議院の解散が憲法違反だということを争った事件だったのですが、そのときに国会議員としての歳費をもらう権利があるんだという形で訴えています。このように、何らかの具体的権利義務に関する論争という体裁をとって主張することが1つ目のポイントです。

□ 司法権の限界

法律上の争訟に当たるとしたう上で、次に「司法権の限界」という問題があります。法律上の争訟であっても、裁判所が判断できない場合があるというわけです。

(a)　憲法上の限界（55条、64条）

この司法権の限界には、まず憲法上の限界があります。これは議員の資格争訟裁判や、弾劾裁判です。これらについて裁判所への不服申し立てはできません。

(b)　条約上の限界（治外法権、日米地位協定等）

次に「条約上の限界」があります。外交官特権にかかわる問題なので裁判所は判断できませんとか、日米地位協定に基づいて米軍の公務上の事故について判断できませんという話です。

(c)　憲法解釈上の限界

そして、特に明文があるわけではないのですが、法律上の争訟であったとしても裁判所が判断できないと解釈されてきたものが４つあります。

α　自律権

まず、国会や内閣の「自律権の問題」です。国会の各院による議員の除名処分のような懲罰が典型例です。衆議院・参議院各院の内部における懲罰については、それぞれの院の自律性を尊重して裁判所は立ち入らないということです。

β　裁量論

次に、行政裁量や立法裁量などの裁量の範囲内の問題については、その適否を裁判所は判断できないと解されています。ただ、裁量を逸脱・濫用しているかどうかについては判断できます。

γ　統治行為論（砂川事件、苫米地事件）

そして、有名な「統治行為」と呼ばれるものがあります。これは、たとえ法律上の争訟であったとしても高度に政治的な問題である場合は裁判所は判断しないというもので、かつて最高裁も砂川事件と苫米地事件で認めていました。しかし、最近はこの統治行為論を裁判所が明確に認めるという判例は出ていません。

学説上も今日、統治行為論を一般的に認める学説はほとんどなくなっています。世界の情勢を見ても、かつてはフランス、アメリカ、イギリスなどでも、高度に政治的な問題について裁判所は立ち入らないという考え方はありました。しかし、今日、そのような考えをとる先進国はありません。たとえば、イギリスでも2019年9月24日、イギリス最高裁は、ジョンソン首相による議会閉会は違法であるとの歴史的な判断を下しました。極めて政治的な問題ですが司法権が介入して判断しているのです。アメリカはさらに顕著です。アメリカ大統領選挙ではトランプ大統領が不正選挙だと訴えた問題もそうですし、2000年の大統領選挙では、ジョージ・W・ブッシュ（共和党）とアル・ゴア（民主党）が接戦を繰り広げました。特にフロリダ州では、ブッシュとゴアの得票差が非常に小さかったため、ゴア陣営は手作業による再集計を求め、これが法廷闘争に発展しました。フロリダ州最高裁は再集計を認めましたが、連邦最高裁は２０００年12月12日、フロリダ州の再集計を停止する判断を示し、この判決により、ブッシュが最終的に大統領に選出されることが確定しました。

このように極めて政治的な問題であるにもかかわらず、憲法問題であれば裁判所が判断をすることが世界では当たり前になっています。

高度に政治的であるがゆえに司法部門が立ち入らないなどと言っている先進国は、日本だけと言ってもいいぐらいに、この統治行為論は時代遅れの議論になっているのです。

δ 団体の内部事項に関する行為（部分社会の法理）

かつて「部分社会の法理」と呼ばれたものです。一般市民社会とは異なる特殊な部分社会の内部の問題について裁判所は立ち入れないというものです。たとえば地方議会、大学、政党、宗教団体内部の紛争について裁判所はたとえ法律上の争訟であっても判断しないというものです。教科書には労働組合も同じように問題となると書かれていますが、現在は労働組合内部の問題についてであっても裁判所は判断しています。

他にも、たとえば税理士会や司法書士会、弁護士会内部の問題についても裁判所は判断しています。ですから、この団体内部の問題だから裁判所として判断しないという何か確立したルールがあるわけではありません。

しかも、どういう団体の内部の問題について判断するのかしないのかということについて明確な基準があるわけでもありません。地方議会内部の問題は判断しなかったとか、大学や政党内部の問題について判断しなかったという判例が過去にいくつかあるというだけのことです。何か明確な基準があって、こういう特殊な部分社会内部の問題を裁判所は判断しませんという憲法解釈上の一義的なルールが確立しているわけではないのです。

【最高裁昭和52年3月15日第3小法廷判決（富山大学事件）】

部分社会の法理という言葉が使われるようになったのは、富山大学事件という1977年の最高裁判例です。富山大学における単位認定と大学院の修了認定について裁判所が判断できるかどうかが問題になりました。

「裁判所は、憲法に特別の定めがある場合を除いて、一切の法律上の争訟を裁判する権限を有するのであるが（裁判所法3条1項）、ここにいう一切の法律上の争訟とはあらゆる法律上の係争を意味するものではない。すなわち、ひと口に法律上の係争といつても、その範囲は広汎であり、その中には事柄の特質上裁判所の司法審査の対象外におくのを適当とするものもある」とし、「例えば、一般市民社会の中にあつてこれとは別個に自律的な法規範を有する特殊な部分社会における法律上の係争のごときは、それが一般市民法秩序と直接の関係を有しない内部的な問題にとどまる限り、その自主的、自律的な解決に委ねるのを適当とし、裁判所の司法審査の対象にはならない」と判示しました。

ここで、「特殊な部分社会における法律上の係争」という言葉を使ったものですから、「部分社会の法理」ということが一般的に言われるようになりました。しかし、これは何か一般的なルールがここで認められたというよりは、単に司法審査の対象外とするのが事柄の性質上適当という、極めてざっくりしたことしか言っていません。

この富山大学の事件では、一般市民法秩序と直接の関係を有しない大学内部で進級する際の単位認定は、この内部の自律的な解決に委ねるのを適当とする問題に当たる。だから、裁判所は判断しないとします。他方で専攻科の修了認定は、大学施設を利用する権利に関係する問題であり、これは市民法秩序にかかわる問題だから裁判所の司法審査が及ぶと判断をしています。ここでの「一般市民法秩序と直接の関係を有しない内部的な問題」か否かという判断枠組みが、共産党袴田事件に引き継がれました。

2 共産党袴田事件判例

(1) 判例の判断枠組

【最高裁昭和63年12月20日大法廷判決（共産党袴田事件）】

「政党の結社としての自主性にかんがみると、政党の内部的自律権に属する行為は、法律に特別の定めのない限り尊重すべきであるから、政党が組織内の自律的運営として党員に対してした除名その他の処分の当否については、原則として自律的な解決に委ねるのを相当とし、したがって、政党が党員に対してした処分が一般市民法秩序と直接の関係を有しない内部的な問題にとどまる限り、裁判所の審判権は及ばないというべきであり、他方、右処分が一般市民としての権利利益を侵害する場合であっても、右処分の当否は、当該政党の自律的に定めた規範が公序良俗に反するなどの特段の事情のない限り右規範に照らし、右規範を有しないときは条理に基づき、適正な手続に則ってされたか否かによって決すべきであり、その審理も右の点に限られるものといわなければならない。」

この共産党袴田事件は家屋の明け渡しを求められたものでしたから、法律上の訴訟の要件は満たしています。

その上で「政党が組織内の自律的運営として党員に対してした除名その他の処分の当否については、原則として自律的な解決に委ねるのを相当とし、したがって、政党が党員に対してした処分が一般市民法秩序と直接の関係を有しない内部的な問題にとどまる限り、裁判所の審判権は及ばない」としています。そこでまず、一般市民法秩序と直接の関係を有しない内部的な問題かどうか、これが問題になります。さらに「右処分が一般市民としての権利利益を侵害する場合であっても、右処分の当否は、当該政党の自律的に定めた規範が公序良俗に反するなどの特段の事情のない限り右規範に照らし、右規範を有しないときは条理に基づき、適正な手続に則ってされたか否かによって決すべきであり、その審理も右の点に限られる」という判断ですから、このように判例は二段階で判断をしているということを確認しておきます。

(i)一般市民法秩序と直接関係を有しない内部的な問題にとどまるか否か、もしとどまるのならば、裁判所の審査権は及びません。仮に一般市民法秩序と直接関係する問題、つまり一般市民としての権利利益を侵害するという場合には、(ii)それが適正な手続に則ってなされたかどうかについては裁判所は審理できることになります。この二段階での判断構造になっているわけです。

(2) 当てはめ

さて、この共産党袴田事件の判例を今回の事件に当てはめる場合も、第2段階で判断することになります。まず、政党の除名処分が一般市民法秩序と直接関係を有しない内部的な問題と言えるのか。もしそう言えるとすれば、それだけで裁判所は判断しませんということになるわけです。

イ　政党による除名処分が一般市民法秩序と直接の関係を有しない内部的な問題か

この点に関して、地方議会議員の懲罰についての判例があります。村会議員の懲罰事件に関する昭和35年の判例のなかで最高裁はこんなことを言っています。「昭和三五年三月九日大法廷判決は議員の除名処分を司法裁判の権限内の事項としているが、右は議員の除名処分の如きは、議員の身分の喪失に関する重大事項で、単なる内部規律の問題に止らないからであつて、本件における議員の出席停止の如く議員の権利行使の一時的制限に過ぎないものとは自ら趣を異にしているのである。従つて、前者を司法裁判権に服させても、後者については別途に考慮し、これを司法裁判権の対象から除き、当該自治団体の自治的措置に委ねるを適当とするのである」（最高裁昭和35年10月19日大法廷判決）

ここで最高裁は、出席停止処分はまさに内部的な問題だから判断できないが、除名処分は「身分の喪失に関する重大事項で、単なる内部規律の問題に止らない」ので判断できるとしています。

これは議員の除名処分の話ですが、政党からの除名の場合も、「身分の喪失に関する重大事項で、単なる内部規律の問題に止らない」ということが言い得るのかどうかが問題となります。この判例と政党からの除名処分を同じように考えていいかどうかということです。そして、もう一つの観点は、まさに一般市民秩序と直接関係ない問題なのかどうなのか、一般市民としての権利利益を侵害していないのかどうなのかということです。

今回は冒頭でもお話ししたとおり、結社の自由、政党に加入する自由、加入し続ける自由という人権の問題になっています。一般市民としての権利利益を侵害する場合と言えるのではないでしょうか。政党の外に放り出されたことによって当該政党に加入し続ける自由、これはまさに個人に保障された結社の自由そのものですけれども、それが正当な理由なく侵害されたと主張されている事案と言えると思われます。もちろん正当な理由なく侵害されたかどうかは実体審理次第ですが、少なくとも裁判所が取り上げて判断するべき問題であるということです。

さらに、共産党員を名乗って政治活動、すなわち表現活動ができなくなるということでもあります。政党が除名しても私は共産党員のつもりでいますと、言い続けることができるかもしれませんが、共産党員という立場で表現活動や政治活動ができないことは明らかなわけです。

このように原告が訴えている権利侵害が一般市民としての権利利益の侵害に当たるかどうかという点が一つの論点になるだろうと思います。

□　除名処分が適正な手続に則ってなされたものか

次に、一般市民としての権利利益が侵害されたと判断されたとしても、次に第二段階として、今回の除名処分が適正な手続に則ってなされたものかどうかが問題となります。この手続きについての判断は裁判所もできるということを最高裁はいっているわけです。

ですから、この適正な手続に則ったかどうか、これが形式的に手続きに則ったか否かだけではなく、実体的な要件に該当するかどうかの判断までできるかどうかは問題です。ただ、共産党袴田事件の判決で、「右処分の当否は、当該政党の自律的に定めた規範が公序良俗に反するなどの特段の事情のない限り」という言い方をしていますから、まずはこの自律的に定めた規範が公序良俗に反するかどうかの判断は、少なくとも裁判所において判断できると言っていいのではないかと思われます。

そして、何よりも、適正な手続に則ってなされたか否かという点は重要です。単なる形式的な手続ではなく、「適正な手続」を要請している。この適正な手続の中身は何かというと、国家との関係での判例ではありますが、一般には「告知」「弁解」「防御」の機会を与えることを「適正手続の保障」と考えられています。

あなたはこういう理由で処分されたと「告知」する。そして当然「弁解」の機会を与えること、それはイコール「防御」の機会を与えることです。この告知、弁解、防御の機会を与えることが適正手続の保障だと解釈されているので、この点がどうだったのかが問題になります。本件でも、この告知、弁解、防御の機会が原告に与えられ、適正な手続に則って処分がなされたといえるのかどうなのかについては、裁判所として判断ができると考えます。

3　判例変更

この共産党袴田事件判決は一般市民法秩序と直接関係を有しないものについては、一切審査権も及ばないと言っているのですが、この点についての判例変更の可能性はあるものなのでしょうか。一般的には、法的安定性の要請から最高裁判例が変更されることはめったにないのですが、十分な理由がある場合には、判例の変更は可能です。①時の経過により、事情が大きく変更した場合、②経験の教えに照らして調整が必要となった場合、③先例の誤りが極めて明確となった場合、には判例変更が可能といわれています。

先の昭和53年の共産党袴田事件の判例を変更する必要性がそもそもあるのか。これはそれなりにしっかりと論じなければいけないと思いますが、仮に判例変更しなかったとしても、たとえば先ほどの一般市民の権利を侵害するか否かというところは、どういう場面が想定されるのか。今回のようなものもそれに当たると言えるのかが明らかにされると、この点についての議論が深まると思われます。

適正な手続なのかどうかの判断はできると言っているわけですから、それはどこまで実質的な実体的判断ができるのかについて、共産党袴田事件と矛盾しない範囲で明確になるような判例は十分出せるのではないかと思います。

政党内部の問題に関しては実体的な判断に立ち入るべきではないと一般的には言われるのですが、本件で問題になっている実体的判断というのは、たとえば政策的な裁量の余地があって政治的な価値判断が求められるような、政策の当否を判断するものではまったくないわけです。あくまでも存在する内部規範に適合するか否かを証拠に基づいて事実を認定して当てはめて判断するだけの問題です。すなわち、適正な手続を履践したか否かの判断を求めているだけなのです。もちろん、事実認定そのものが裁判官の価値判断や評価を当然含みますけれども、一般の裁判と何ら異なるものではないと思われます。

内部の規範に照らしてどうだったのか、まさに証拠に基づいて事実を認定する、これは司法権の機能・役割そのものです。ということはこの判断は司法権が十分判断できることであり、あえて憲法上の要請に基づく司法権の例外とする必要もないのではないでしょうか。判断を避けることは、次にお話をしますが、裁判を受ける権利の侵害につながってしまう懸念があると思いますから、単に政党内部の問題だから、自律的な組織の内部の問題だから、適正な手続に則っているから判断しないということになると司法権の役割としてどうなのか。裁判所が判断しなければいけない場面でその役割を回避してしまうことになるのではないかと思います。

4　岩沼市議会出席停止処分取消訴訟判決（令和2年11月25日）との関係

次に岩沼市議会の出席停止事件をみてみます。これは部分社会の法理に関して判例変更がなされた重要な判例です。

【最高裁昭和35年10月19日大法廷判決（村議会議員懲罰事件）】

そこで、先ほどの昭和35年の判例を再確認すると、村議会議員の懲罰である出席停止処分に関し、「自律的な法規範をもつ社会ないしは団体に在つては、当該規範の実現を内部規律の問題として自治的措置に任せ、必ずしも、裁判に待つを適当としないものがあるから」と裁判所は判断を避けました。

ここでの理由は適当かどうかだけです。「自治的措置に任せ、必ずしも、裁判に待つを適当としないもの」として、出席停止のごとき懲罰はまさにこれに該当する。だから、内部的な出席停止について裁判所は一切判断できませんという判例だったわけです。

【最高裁令和2年11月25日第3小法廷判決（岩沼市議会出席停止事件）】

それに対して、令和2年の岩沼市議会の出席停止事件、これもまた出席停止が問題になった事件ですから、先の昭和35年判例に照らせば、最高裁は判断できないということになりそうです。しかも、この判例が言っている自治的措置に任せ、裁判にも適当としないものがある云々というところをそのまま引用して同様の判断すればよかったにもかかわらず、令和2年の判例ではまったく違う判断をしました。

「出席停止の懲罰は、上記の責務を負う公選の議員に対し、議会がその権能において科する処分であり、これが科されると、当該議員はその期間、会議及び委員会への出席が停止され、議事に参与して議決に加わるなどの議員としての中核的な活動をすることができず、住民の負託を受けた議員としての責務を十分に果たすことができなくなる。このような出席停止の懲罰の性質や議員活動に対する制約の程度に照らすと、これが議員の権利行使の一時的制限にすぎないものとして、その適否が専ら議会の自主的、自律的な解決に委ねられるべきであるということはできない。

そうすると、出席停止の懲罰は，議会の自律的な権能に基づいてされたものとして、議会に一定の裁量が認められるべきであるものの、裁判所は，常にその適否を判断することができるというべきである。

したがって、普通地方公共団体の議会の議員に対する出席停止の懲罰の適否は、司法審査の対象となるというべきである」。

ここでは「したがって、普通地方公共団体の議会の議員に対する出席停止の懲罰の適否は、司法審査の対象となるというべきである」と判示し、先の判例とはまったく逆の判断をしました。

司法審査の対象となるとして、判例を変更したのです。この判例のなかでは、先ほども昭和35年の判例のように、自律的な関係を持つ社会、団体にあっては自治的な措置に任せているとか、そんなことは一切言わないで、出席停止の懲罰の性質や、それによる議員活動の制約の程度なども加味しながら判断しています。

この判決には次のような宇賀克也裁判官の補足意見がありました。

「法律上の争訟については、憲法32条により国民に裁判を受ける権利が保障されており、また、法律上の争訟について裁判を行うことは、憲法76条1項により司法権に課せられた義務であるから、本来、司法権を行使しないことは許されないはずであり、司法権に対する外在的制約があるとして司法審査の対象外とするのは、かかる例外を正当化する憲法上の根拠がある場合に厳格に限定される必要がある。」

さて、この宇賀裁判官の補足意見になぞらえて、今回の事件を見てみたらどうでしょうか。司法権を行使しないという例外を正当化する憲法上の根拠がある場合と言えるでしょうか。果たして今回、政党の自律性というものを、例外を要請する憲法上の根拠と言えるかということです。

地方自治に関しては、憲法92条で「地方自治の本旨」という憲法上の要請が確かにありますが、政党に関して言えば、憲法上の明文規定はありませんが、結社の自由が根拠になります。果たして司法権行使の例外を正当化するだけの憲法上の根拠があると言えるのかどうか、これがまず問題になります。

そして、「『地方自治の本旨』としての住民自治により司法権に対する外在的制約を基礎付けながら、住民自治を阻害する結果を招くことは背理であるので、これにより地方議会議員に対する出席停止の懲罰の適否を司法審査の対象外とすることを根拠付けることはできない」という宇賀裁判官の指摘を政党内部問題に引き直してみると、次のように言えないでしょうか。

「結社の自由により司法権に対する外在的制約を基礎付けながら、結社の自由を阻害する結果を招くことは背理であるので、これにより政党による除名処分の適否を司法審査の対象外とすることを根拠づけることはできない」

冒頭で申し上げたとおり、政党の統制権も当然保障されるべきですが、その本質は、個人の有する結社する自由の保障にあるはずだったのではないのか。そうだとすれば、政党側の統制権による結社の自由を重視することによって、本来守らなければいけない個人の結社の自由を侵害する背離になってしまっては本末転倒ではないかということです。

さらに、この判例の令和2年判例解説によると、団体の内部紛争についての司法審査の可否につき、「それぞれの団体の目的・性質・機能、その自律性・自主性を支える憲法上の根拠の相違、紛争や争われている権利の性質等を考慮にいれて個別具体的に検討するという姿勢の現れである」（194頁）とあります。

この観点からは、本件で表現の自由、立候補の自由という重要な人権の侵害が問題となっている点は重要な考慮要素と思われます。単に団体内部の問題だから一律に判断できないという単純な話ではないということです。まさに団体の性質、争われている権利の性質などからして、司法権の例外といっていいのかどうか慎重な判断が必要な問題だと考えています。

5　この事件の特殊性

最後にこの事件の特殊性として考えるところを3つほど指摘しておきます。

(1)　政党と内部の個人の問題であること

イ　政党の公的役割からの観点

政党は、立憲民主主義国家である日本において権力を行使することにつながる団体である以上は、内部統制の正当性を判断するにあたっては立憲民主主義、議会制民主主義、個人の尊重（個人の尊厳の尊重、多様性の尊重）などの憲法価値を尊重するべきであり、その観点からの司法的統制を受けうることは甘受すべきと考えます。憲法は純然たる私人に憲法尊重擁護義務を課していません（憲法99条参照）。ドイツのように国民に自由で民主的な基本秩序の維持を強制する「闘う民主制」をとっていないと言えます。しかし、政党は純然たる私的団体ではなく、すでに述べたように公的役割を果たす団体ですから、一定の憲法的統制を受けるべき存在だという観点は重要です。

また、ここで問題になっているのは、あくまでも個人の人権保障の観点から政党が司法的統制を受けるべきか否かの問題なのであり、政党法の制定など国会の多数派が少数派を抑圧する手段として権力が介入する場面の問題とは区別して考える必要があります。

ロ　政党の目的の観点

判例が指摘するように、政党が「国民がその政治的意思を国政に反映させ実現させるための最も有効な媒体であって、議会制民主主義を支える上においてきわめて重要な存在である」以上は、政党も民意を十分に反映できる組織であるべきです。多様な意見を受け止めることができるような組織運営が望ましいのではないかということです。

ハ　私人間の問題ではあるが、憲法価値は重要

そもそも憲法は公権力を制限して国民の自由・人権を保障するためのものです。ですが、公権力以外であっても、強い力を行使する者と弱い立場の者がいて、そこに強弱関係、非対称関係がある場合には、そこでの強い者からの理不尽（人権侵害）を許さないとして、普遍的で客観的な価値を守る法として憲法は機能すると理解されています。市民社会における憲法価値の維持もまた重要だからです。本件が政党と党員との関係が非対称であり憲法の趣旨を及ぼすべき場面であることは明らかではないでしょうか。

(2)　重要な人権が問題となっていること

本件では、原告の政党に加入し続ける自由（結社の自由）の侵害のみならず、間接的に表現の自由、出版の自由、立候補の自由の侵害が問題となっています。原告にこれらの表現等を自粛するか、政党を離脱するかという市民的自由に関して理不尽な二者択一を迫ることは、たとえ私人間であっても許されるべきではありません。

この理不尽な二者択一を迫るべきではないという点については、2023年10月25日の性別変更要件に関する最高裁違憲判決になぞらえて理解することができます。この判例は、「身体への侵襲を受けない自由を放棄して強度な身体的侵襲である生殖腺除去手術を受けることを甘受するか、又は性自認に従った法令上の性別の取扱いを受けるという重要な法的利益を放棄して性別変更審判を受けることを断念するかという過酷な二者択一を迫るものになった」と指摘し、「二者択一を迫るという態様により過剰な制約を課すものであるから、本件規定による制約の程度は重大なもの」であり違憲と判断しています。

特に本件で問題となっている表現の自由は、本人の自己実現のみならず、民主主義的価値も併せ持っており、社会全体にとって極めて重要な価値があるものです。裁判所が団体組織内部の問題であることを理由にその侵害の救済を放棄することに関しては、よほど慎重な判断が必要なはずです。

こうした重要な人権と政党の自律権（統制権）とが対立した場合、たとえ政党の自律権であっても一定の制約を受けることは当然であり、政党による統制権行使による深刻な人権侵害が疑われる場合に、裁判所が一切の実体的判断を避けなければならない理由はありません。人権救済機関としての裁判所の職責の放棄は許されないと考えます。

仮に裁判所が人権侵害が疑われる問題についての判断を避けるとしたら、それは裁判を受ける権利の侵害にもつながります。裁判を受ける権利は、人権保障の前提となる権利（人権保障のための人権）ですから、人権としての重要性は別格と言えるものです。裁判を受ける権利は安易に制約されてはならず、最大限保障されなければなりません。

(3) 政治部門と司法部門の役割分担の問題ではないこと

本件は、統治行為論などの他の司法権の限界の問題とは異なり、政治部門による救済が期待できない事案であることに留意しなければなりません。すなわち、本件は、自律権、裁量論、統治行為論などのように政治部門と司法部門のどちらが当該人権の救済にふさわしいかという役割分担の問題ではなく、当該人権侵害から救済すべきか救済しなくてもよいのかという判断が求められる場面なのです。したがって、裁判を受ける権利の重要性、侵害されている人権の重要性から考えて、裁判所がその救済を拒むのであれば、憲法上の要請に基づく相当厳格な例外的な場合でない限り許されないといえます。

本件で問題となっている対立利益は、政党の自主性、自律性ですが、それが、立憲民主国家における政党の在り方との関係で、個人の人権救済を拒むほどに重要なものとして憲法上要請されているのかどうかを慎重に判断しなければなりません。

6　結語

共産党松竹事件の裁判の意義は、政党内部の紛争に裁判所が立ち入って判断できるかという司法権の限界に関する問題提起であり、特に団体による内部者への重大な人権侵害が主張されている事案において、裁判所がその判断を回避することが個人の裁判を受ける権利の侵害につながらないかという重要な問題を提起しているところに意義があります。また、純粋に法的観点からの意義のみならず、昨今の政治情勢を踏まえて、政党の在り方に関する国民的議論が活性化する事件としての意義も併せ持っていると考えます。

吉田万三・元足立区長の発言

私は元足立区長の吉田万三です。私は、松竹さんのいろいろな問題が出てきたときに、これはチャンスだなって思っていたんですね。法律の話とちょっと関係ないんですけども、こういうような人が出てきたり、こういうことが起こったりしたときに、ある意味では組織がいろいろと変わっていくいいきっかけになると捉えたんですね。と言いますのは、私はいろんな団体の役員をやっていまして、大きなところでは治安維持法国賠同盟の会長をやっているんですけれども、どこのいわゆる民主団体と呼ばれる団体もみんな高齢化で、大変苦労してるんです。共産党もご多聞に漏れず高齢化が進んでいて、だいたいほっとくと10年か20年ぐらいすると、ほとんどみんな死にたえていくという人が多いですから、だんだん先細りになって、もうダメになっちゃうんじゃないかっていうんで、そういう意味ではやっぱり大きな世代交代、次の世代にどう運動をバトンタッチするかということなんです。どんな団体もかなり共通の課題にいまなっております。ですから、そういう意味では松竹さんみたいな人が出てきたというのは、「ピンチはチャンス」と言いますけれども、本当にいいチャンスじゃないかなと私は考えた。だからこれは丁寧に対応して、むしろピンチをチャンスにしたらいいんじゃないかなと思ったんですけども、まあピンチがそのままどんどんドツボにはまってるってと私は見てるんですね。

たとえば極端な話、ダメになる中小企業のワンマン社長が、会社で少し飛び跳ねた社員が会社の玄関に行って「社長のバカヤロー」と言っていたら、ワンマン社長は「もうバカヤローのあいつはけしからんからクビだ」と言うのか。「いや、ちょっと待てと。お前ちょっと一旦会社のなかに戻ってきて、お前の意見を聞くから何が不満なのかちゃんと言ってみろ」と言うような対応とか、いろんな対応の仕方があると思うんですよ。どうも、私が見てるとまあ「松竹ってとんでもない奴だ、外に行ってバカヤローみたいなこと言ったもんだから、あんなのけしからんって言って、お前あいつはクビだよ」と言う。まあだいたいダメになる中小企業は、そういうようなことをやるわけですよ。

ですから私はよく思うんです。世間一般では、組織が変わるのに本当に必要なのは「若者、バカ者、よそ者」の声を大事にしようと。いわば組織がイエスマンばっかりが集まってると、だいたい先細りになっちゃうと。まあバカ者ばっかりになっちゃうと困るんだけども、やはりそういう若者やバカ者やよそ者のそういう違った視点からの意見もきちっと取り入れられるようなことが、やっぱり組織がこれから大きく発展していく上でも大事だと、そういう地点にいま立ってるのかなと思います。

松竹さんはどうなるかわかんないけども、頑張ってもらって、これがいいきっかけになればいいなと思ってんだけど、どうもなかなかね、イエスマンみたいな人が多いものだから、そうだ、そうだ、社長に立てつくやつはみんなパージしちゃえと、ややそういう雰囲気なんだけど、意外とまあそうでもないよと。単純に松竹頑張れって言ってる人ばっかりではないと思うんだけども、やっぱりこういうことを大事にしていくことが、本当は組織がこれから非常に成長していく上でも避けて通れない課題だなと感じてます。

伊藤　いや、まさにご指摘のとおりかと思います。企業だけではなくて、いわゆる組織論というか、ガバナンスの基本的な考え方ですよね。私も自分の会社をどうやって世代交代するかとか、そのときに他からの意見だとか、ちょっと突拍子もないことを言うような人たちの意見にどう耳を傾けるのかを常に意識します。私の場合には幸い憲法が根底にあるものですから、異質な他者との共存ということを自分に言い聞かせながら、いろいろ耳が痛いことも受け入れながら努力しています。国家という大きな組織もそうですし、会社もそうでしょうし、あらゆる組織のガバナンスの本当に本質的なところをいま教えていただいたなと思います。ありがとうございます。

松竹　吉田さんがいま言われたことは、今日の伊藤先生のお話の最後の結論ですよね。政党のあり方に関する国民的議論が活性化する事件としての意義も併せ持っているという点では本当におっしゃる通りで、今日のお話の大事な点です。私としても、その議論の活性化を通じて、共産党が本来持っている役割を十分に発揮できるように、もっと強く大きくなってほしいと思っております。

（本講演は２０２４年７月22日に「松竹伸幸ちゃんねる」がＹｏｕＴｕｂｅ配信したオンライン番組をもとに編集したものです）

5　上瀧浩子さん、神谷貴行さんとの鼎談
共産党の未来を占う除名、除籍・解雇裁判の行方

松竹　こんばんは。今日は平日の夜にご参加いただきましてありがとうございます。私はこの企画をいたしました松竹です。今日来てくださった方はご存じのように、私は去年（２０２３年）1月に『シン・日本共産党宣言』という本を出して、その2週間後に除名をされまして、除名の再審査を求めてきましたけれども、その結果を出せなかったので、今年（24年）3月に日本共産党を提訴いたしました。

京都の党から除名されたのですが、訴えた相手は日本共産党中央委員会でありましたので、東京地裁に提訴をして、それから3回ほど裁判をやっております。ですので、ずっと裁判の報告集会を東京でやっていたところ、京都の方から、なんで京都でやらないんだと言われたので、この企画を考えていました。裁判のことなので、上瀧浩子弁護士に声をおかけして、ひとつ協力してくれないかお願いしていました。

そうこうしているうちに、神谷貴行さんが今年8月に福岡県委員会から除籍・解雇され裁判することになりました。それだったら、もちろん別の裁判でもあるのですけれども、共産党をなんとかしたいという思いは共通していて、お互いに裁判でも連帯し合おうということになっていますので、神谷さんをお迎えして開催しました。

前半は裁判に関して上瀧さんにいろいろ論点整理していただきながら議論し、後半ではそれを通じて共産党はどうなんだという話をして、皆様方からのご質問をお受けしてたいと思っております。

第１部　松竹・神谷両氏の裁判の論点

上瀧　弁護士の上瀧です。よろしくお願いいたします。

私は松竹さんのかもがわ出版から『#黙らない女たち　インターネット上のヘイトスピーチ・複合差別と裁判で闘う』（李信恵さんとの共著、２０１８年）を出していただいています。そういう意味でも感謝申し上げていますし、今回の事件に関しても、出版という非常に重要な表現の自由の一つについて共産党の方との争いということで、皆さんもそうでしょうけど、私も興味を持って見させていただいています。

それから神谷さんについては、私はXをフォローしていまして、そのなかで非常に面白いブログ記事を書いているのを紹介していて、愛読していました。それが理由で神谷さんは共産党から除籍され解雇されています。

それぞれの事件について法的な問題を整理してお話をして、お二人それぞれのご意見を伺おうと思っています。

「部分社会論」と「法律上の争訟」

松竹さんの裁判はもう3回目の公判をしているのに、本案に対する答弁が出るかなと思っていて、それを注目していたのですけれども、いかんせん今回もまた、こういう事件は門前払いでいいんだという準備書面が、共産党から2回続けて出ました。そこで、それについて少し考えようということになりました。

どうして門前払いをするべきなのかという向こうの論理は、1つには「部分社会論」というものが大きいということ。つまり、たとえばいろいろな集団がありますよね。会社もそうですし、生協もそうですし、私が所属している新婦人もそうなんですけれども、それぞれの団体は、その団体の目的や趣旨によって内部の自律的な判断ができるんだ、そういうことを言うわけですね。政党も自律的な団体で、除名なり除籍なりは自律的な判断だから、それについて権力である司法権があれこれ言うべきではない、というのが1つの根拠になっています。

それからもう1つの根拠は「法律上の争訟」ということが裁判所法3条で言われているわけです。法律上の争訟というのは何かというと、権利・義務の存否に関する存否であって、かつ、それが法律を適用することによって終局的に解決することができるもののことです。まず、権利・義務のことについて言うと、たとえば違憲訴訟で自衛隊は違憲だというような訴訟というのは、たいてい門前払いになるということです。なぜかというと、具体的な個人の権利とか義務を問題にしていないからです。いくら払え、あるいはこういう地位を確認しろ、そういう個人が具体的な権利義務を争うような場合、あるいは会社がいろんな権利義務を争うような場合で、その解決が個人の権利・義務の問題となるようなことを言います。もう1つは、法律の適用によって終局的な解決が図られるものだと言われています。後者の問題で、被告の準備書面で「板まんだら事件」が引かれているわけです。この2つがそろって司法権が及ぶ場合として「法律上の争訟」と言われているわけです。

「板まんだら事件」

被告の準備書面が引いているのは「板まんだら事件」です。これは、法律を適用することによって終局的な解決をすることができないという意味で「法律上の争訟」に当たらないものとして考えられています。これは、典型的なものは学説上の争いです。それから、単位の認定もそうです。大学では先生がこの学生に単位を与えるのかどうかという、そういうような問題もやはり法律の適用ができないから「法律上の争訟」に当たらないですね。

「板まんだら事件」というのは創価学会に対する寄付を返還してほしいと争った事案です。創価学会の本尊、それが板まんだらというのですが、それを安置するための正本堂を建てるために創価学会が寄付を集めたんですね。その寄付をした人が、実はあの本尊は偽物じゃないか、偽物なのに寄付をしてしまった、その寄付金を返還せよという、そういう訴訟を起こしたわけです。そうすると、その本尊が偽物か本物かということが実際の争いになるわけです。つまり、その本尊が本物か偽物かというのは寄付金を返還してほしいという人にとっては非常に重要な問題です。そして、その本尊が本物か偽物かがわからないと、法律的に寄付金を返還するべきなのかということに結論が出ないわけです。だから、本尊が本物か偽物かということは、訴訟の重要な前提問題でその判断がない限り裁判所としては結論が出せません。しかし、本尊が本物か偽物かは、厳密に言えば時代の特定などをすれば可能かもしれませんが、これは創価学会の教義にもかかわる問題であり、裁判所としてはその判断は無理だと考えました。そこで、これは法律を適用して終局的な解決はできない、したがって「法律上の争訟」には当たらないということで、裁判所は、門前払いの判決を出しました。

共産党が法律上の争訟に当たらないとして「板まんだら事件」を引きました。これは、本尊が本物か偽物かわかりませんよ、それと同じで、規約違反となるかどうかは、裁判所にはわかりませんよという意味があります。共産党の準備書面で、その規約の解釈について共産党自身が判断できる、どういう解釈をするのか判断できるというのは、それはそれでいいと思います。しかし、私はこの準備書面を読んで、近代政党が、宗教と同じだという構成を取っていることに、とても驚きました。また、規約の解釈と事実の認定はまた別個の問題です。

それから、「板まんだら事件」とは別の問題ですが、これは除名にあたりますとか、これは除籍にあたりますとか、そう判断するときに、党員の人にあらかじめこういう場合は除名になりますよとか、除籍になりますとか、そういうのがあんまりわからないですよね。そういう予測可能性がないのに、規約の解釈を共産党の中央などの専権事項だと言って切り捨てていいのかということは、私は一つ疑問に感じるところです。

袴田判決を使って闘う

神谷　皆さん、こんにちは。神谷です。松竹さんが去年2月に除名されたことを受けて、私は党の会議でそれはおかしいんじゃないかと言ってかばったことをきっかけに、会議の決定について書いたブログが規約違反ではないかと言われて、そんなこと全然ありませんよと反論をしました。党幹部側はまったくそれに答えずに、「ブログは規約違反だ」と言い募るのみで1年半調査しましたが、結局証拠は出てこない。だから突然、調査も終わっていないのに、「除籍」という、処分じゃない形で私に弁明する機会を与えずに、これを決定したと言って、今年8月に除籍をされるということになりました。

その過程で解雇もされて、あわせてパワハラもされるという、そういうことをされたので、私は自分の除籍と解雇というのは不当であるということで、それを撤回しなさい、パワハラについては償ってくださいというので、合計で1000万円ぐらい党に求める裁判を起こして、そして共産党に戻して働かせてくれと求めています。

いま、上瀧さんがおっしゃったのは、その除籍に関わる部分です。それは政党が決めるんだから文句を言うなというのが、簡単に言えば「部分社会論の法理」になってくると思うんですけれども、私はこの問題が裁判を通じて、それはおかしいよ、通用しませんよということを明らかにしたいと思っています。

袴田判決という袴田里見という昔共産党を除名された人が党から借りていた家を明け渡すために行われた、最高裁判決があります。政党内部のことを司法（国家権力）は口出ししないでねという判決ですが、私たちの弁護団では、逆にこの袴田判決を使って闘っているんです。というのは、袴田判決でも、たとえば一般市民としての権利利益を侵害するようなことについては、いくら政党が内部の問題だと言ったって、それはちゃんと適正かどうかということを裁判のなかで争おうじゃないですか、というのが1つあるわけです。

もう1つ、政党がこういう手続きでありますと一応公言しているものについては、その手続きどおりやっているかどうかということを、ちゃんと見ようじゃないですかということです。この例外を除いたら、あとは内部の問題はやってもいいけれども、こういうことについてはちゃんと見ていこうじゃないですかというのが袴田判決の枠組みです。その枠組みから見ても、私の除籍や解雇の仕方というのは明らかにおかしいでしょうというのを、私たちの裁判で組み立ててやっている仕掛けです。これを通じて除籍や解雇というのが、いかにおかしいやり方かを明らかにします。

除名ではない除籍であることの意味

「除名」というのは罰なわけですね。ひどいことをしたから外に出しますと。では、「除籍」というのは資格がなかったということで、ニュートラルに名簿リストから外すというものですよね。

たとえば、「福岡市俳句クラブ」というのに入っていたとして、福岡市から引っ越したら除籍されます。あるいは幽霊会員みたいな人は会費を払っていない、5年ぐらい来ていない人は除籍になるとか（共産党ではそういう場合では「離党」扱いになる）、そういうのをやるというのが機械的なニュートラルな行為です。党幹部はこれを悪用しています。除名などの処分は本来幾重にも厳重な手続が規約のなかにあるんですけれども、これをすっ飛ばして一部の幹部だけで「規約を守る気がないね、ないんだったら外に放り出しましょう」と決めることを、どこでもかしこでもやっています。

つい一昨日も福岡で、民青同盟という共産党に関係する青年運動をやっている女性の方が私への人権侵害を告発して除籍されました。やはり同じように私への人権侵害を告発した砂川絢音さんという県議候補だった方も党を除籍されました。この方も正式に違反の認定をされていない形になって、本当にカジュアルに追放、除籍する。「カジュアル除名」だと思っていますけれども、こういうやり方がまかり通っているというのが大きな問題なので、これを裁判のなかで、どんどん袴田判決を使って明らかにしていくようにしたいと思います。

10か月たっても審理に入らない

松竹　私の場合は、除名をされて、それはおかしいだろうということを3月7日に提訴して、長い訴状を出して、なぜこの除名がおかしいかという理由づけをいろいろ書いているわけです。いま、上瀧さんが予測可能性の話をされましたけれども、たとえば地区委員会が、私は新日本プロセス支部というところに所属していたので、規約上は原則的に私を除名するかどうかは、その支部が決めないとダメなんですよ。ところが、地区委員会がその支部から権限を取り上げて決めた。それは支部の承認があったからそうしたと言っているわけです。しかし、その支部は、いや、調査はお願いをしたけれども、調査した結果、処分するかどうかは支部で決める権限があるんだということをずっと主張しているわけです。そういう文書も私の支部のなかでは配られていて、だから、そもそも地区がその権限を取り上げたという、これ自体にだって争いがあって、規約上の瑕疵があるわけです。

あるいは私の除名の最終的な決定をする場合に、事前に調査されて、その結果を受けて地区の会議で決定されるんですけれども、共産党の規約上はちゃんとその会議に呼ばれて、一応最後の弁明ができることになっています。どんな場合でも、そういう決定の場に参加して弁明するということは、共産党のなかでは守られてきた。

最近除名された鈴木元さんも、通告があり弁明の場がもたれた。袴田元副委員長だって除名されたときは決定する会議に出られるぞという通告があって、しかし、袴田さんは出ないよって言ったから、なしでやったのです。

ところが私の場合はその会議に呼ばれることもなかった。そういう、いろいろ規約上の問題がある。そんな除名だからおかしいだろうと主張しています。

それ以外にもいろいろありますけれども、訴状で書いてあるこちらの主張に対して、共産党の側は、認否もしていません。何も答えていないのです。答える必要はないと述べている。理由は、こんなことは裁判所で判断するような事柄じゃないんだ、政党が勝手に全て決めていいことなんだ。だから裁判では私の訴えを門前払いしてくれというのを1回目、2回目、3回目とも、3月に提訴して、6月、最後の11月まで繰り返しやっているんだけれども、そういう答弁しかしないわけです。

さすがに裁判長は本当にそれでいいのかと被告に問いかけています。私に言わせると相当この裁判長は怒っているんじゃないかという感じです。だって同じことを何回も繰り返しているわけですから。

その根拠になっているのが、部分社会の法理です。共産党は部分社会であり、そこで決めることは別に裁判所が審査するようなことじゃない、関与するようなことじゃないと言い続けているわけです。

しかし、さすがにこれではまずいと思ったのでしょうか、次の裁判は2月にあるんですけれども、前回11月の裁判の最後には多少のことは言いそうなことを明らかにしたので、ようやく10か月たって実質的な審議に入れるのかなという状況です。それぐらい共産党の側は部分社会の法理に固執をしている。

やはり結社の自由があって、私もそれは大事だと思います。同時に、私の方にも憲法上の裁判を受ける権利があります。この権利は全ての国民が持っていることは憲法で規定されれていますす。しかも、部分社会のなかには政党だけでなく労働組合や宗教団体や学校や自治体や、いろいろあるけれども、どの分野を見ても、だんだん部分社会の法理というのは通用しなくなっています。除名のような重大な案件は裁判所で関与できるよねという判例ができつつあります。だから、政党の分野でも、結社の自由は大事だけれども、個人の裁判を受ける権利とか出版の自由も尊重され、その両者がどこかでうまくバランスがとれるような判決を求めて闘っているというのが現状であります。

適正な手続きがなかった

上瀧　いま出てきた袴田判決というのを。ちょっとそのまま読みます。
「各人に対して、政党を結成し、又は政党に加入し、若しくはそれから脱退する自由を保障するとともに、政党に対しては、高度の自主性と自律性を与えて自主的に組織運営をなしうる自由を保障しなければならない。他方、右のような政党の性質、目的からすると、自由な意思によって政党を結成し、あるいはそれに加入した以上、党員が政党の存立及び組織の秩序維持のために、自己の権利や自由に一定の制約を受けることがあることもまた当然である。右のような政党の結社としての自主性にかんがみると、政党の内部的自律権に属する行為は、法律に特別の定めのない限り尊重すべきであるから、政党が組織内の自律的運営として党員に対してした除名その他の処分の当否については、原則として自律的な解決に委ねるのを相当とし、したがって、政党が党員に対してした処分が一般市民法秩序と直接の関係を有しない内部的な問題にとどまる限り、裁判所の審判権は及ばないというべきであり、他方、右処分が一般市民としての権利利益を侵害する場合であっても、右処分の当否は、当該政党の自律的に定めた規範が公序良俗に反するなどの特段の事情のない限り右規範に照らし、右規範を有しないときは条理に基づき、適正な手続に則ってされたか否かによって決すべきであり、その審理も右の点に限られる」としています。「政党の内部的自律権に属する行為は、法律に特別の定めのない限り尊重すべきであるから、政党が組織内の自律的運営として党員に対してした除名その他の処分の当否については」「自律的な判断に委ねるのが相当」と言っています。これは原則です。だから、内部的な問題にとどまれば、裁判所の審判権は及びませんよ。でも、「他方、右処分が一般市民としての権利利益を侵害する場合」では、松竹さんだったら出版の自由ということですね。神谷さんだったら、たとえば賃金債権とか労働者としての地位、そういうようなことだと思うんですけれども、そのような「権利利益を侵害する場合では、当否は当該政党の自律的に定めた規範は公序良俗」――さっき公序良俗に反するかどうかというお話をされましたけれども、善良な公の秩序又は善良な風俗ということですね。特段の事情のない限り、右規範に照らし、日本共産党の場合には規範はある、つまり党規約があるわけですけど、党規約がないときは条理に基づき適正な手続に則ってされたか否かによって決すべきだというふうに書いてあるわけです。

その適正な手続きというのがなかったというのが、お二人の主張だと思います。

松竹さんの場合は、日本共産党の規約には、除名は支部で決定するべきとなっていますが、支部ではなく地区委員会で決定しました。あるいは、私は松竹さんの調査の音声も聞きましたけれども、「調査」の時間の最後に除名しますと言われています。いや、除名が同じ日の同じ調査の時間の続きとして行われており、調査であればそこで除名を決定するものではないですよと思いました。そして、松竹さんは除名に対する異議申し立てを党大会に対してされた。党大会に異議申し立てをしたら、党大会の場所で、異議の内容を党大会ではかって、そこで議決をとるということが普通の手続だと思うんです。けれども、松竹さんの異議申し立ての文書は党大会ではなくて大会幹部団というところで——異議申し立て書を読んだかどうかよくわからないんですけれども——審議をして、それは党大会に「報告」という形で出されているということです。党大会の議案にもなっていないし、党大会で審議もしていない状態で決定がされて、異議は却下されています。

神谷さんの方は。さっきもご自分でおっしゃいましたけれども、予備的な「調査」という名目で2回も5対1で行って、その間、神谷さんはそういう大勢で圧迫をするような尋問的な調査はやめてほしいと言ったのに、無視して続けられた。その後の県の常任役員の会議では11対1で責め立てられました。

また、神谷さんの党籍の剝奪は、除籍という形で行われた。その調査があって、神谷さんは「カジュアル除名」とおっしゃいましたけれども、本当に規約違反があったのであれば、それは除名なり、勧告とか権利停止とか、いろんな処分があると思うんですけれども、そういう処分が決まるはずですよね、本当に規約違反があるのであれば。でも、そうじゃなくて、形式的な除籍という形で共産党の党籍が剝奪されたということです。それが本当に適正な手続きだったのかということについては、やはり大きな疑問があると思うんです。

出版の自由と結社の自由の対立

松竹さんの独自の問題として、「出版の自由」と「結社の自由」の対立というのはあると思うんです。松竹さんは出版をしたことをきっかけに除名をされた。出版をしたことをきっかけにというのは、その出版物の内容が規約に反している、そういうことだったと思うんですよね。でも、その松竹さん自身には、そういう自分の思想信条、あるいは表現する自由、そういうのはもちろんあるわけです。それから、もちろん松竹さんには結社に入る自由もあるし、結社のなかに入ってそれを継続する自由もあるわけです。他方で、共産党にもやはり結社の自由があります。これは、日本国憲法21条のなかに「結社及び言論、出版その他一切の表現の自由は、これを保障する」としており、松竹さんの権利も共産党の権利も両方とも表現の自由として保障されています。

そういう場合、裁判所の判断としてどう判断するのかと言うと、だいたいそういう同じ程度の表現の自由の問題です。これが、財産権の保障と表現の自由との保障でどちらを大事にするかとしたら、表現の自由の優越的地位と言いましてやっぱり表現の自由のほうが上に来るわけですね。

他方で、同じ表現の自由のなかでどのように考えるかといったら、「等価値的利益衡量」と言って、それは出版することによってのプラスと相手方のマイナスとを比較して決めていくというのが、この間の裁判所のバランス感覚かなと私は思っています。松竹さんのほうに出版ということで自分の思想を表現する、あるいはそれを自分の内心、世界の見方や考え方に対する核心部分を表現し、そこで事故の人格を発展させる価値としてあるわけです。これは「自己実現の価値」と言います。

もう一つ、社会的な価値というのも表現の自由のなかにあるわけです。これは「自己統治の価値」と言います。つまり、いろいろな表現が出てくることで、民主主義というものはより豊かになる、そういう価値があるわけです。これは公に出版されることで、共産党のなかだけではなく、その出版は党内だけでなくて、社会で広く読まれる出版物としている。言論活動によって、市民が意思決定をするための手助けとなり、民主主義を豊かにしていく、そういう意味で社会的に表現が与える自己統治の価値というのは非常に大きいものがあると思うんですね。

では片方で、共産党の側から言うと、どういうマイナスがあるだろうということを考えると、共産党側が言うには、共産党の内部をかく乱するというようなことが言われていたと思います。たしかに、その点は、私はその後にいろいろ始まった神谷さんの問題とか、もう後に続いていますし、ちょっと「かく乱」は大きかったのかなと思っているんですが、それはどう考えになっていますか？

松竹　もちろん、私は本を出しましたが、その内容が一言一句がすべて党中央の見解と同じだったと言うつもりはありません。党員は党が決定した内容の範囲のことしか本では書けないとなったら、そんな本は誰も出版しません。やはり自分なりの考えがあるから、世に問おうと思うわけです。

ただ、私は綱領や規約の批判はどこにも書いていないし、その枠内で自分としてはこう考えるということを提示した。だから除名されるとまでは思いませんでした。その気持ちは、『シン・日本共産党宣言』のなかにもありまして、この本を出したぐらいで処分されるほど、共産党は異論に対して抑圧的な組織じゃないということを書いているのです。だから、本を出すときは、これがかく乱になるなどとは思っていなかったのですね。

なぜそう思ったかというと、やはり自分の体験があります。2000年に共産党の規約が全面改正されたのですが、その改正は不破哲三氏が主導したものです。不破氏は「50年問題」のころ、綱領の路線とは異なるような本も堂々と出していましたが、それで処分されるようなことはなかった。2000年の規約改正には、そういう共産党に戻すんだみたいな意気込みを私はすごく感じたのです。また実際に2000年以降24年間にわたって、党の考えと違う本を出したから除名するみたいなことも起こっていませんでした。

実はこの2000年の党規約改定のときに、大会決議で自衛隊活用論を決めました。それは非常に評判の悪い決定で、だから党員の学者などは平気で雑誌などに共産党の決定は間違いだと書いていました。しかし、この規約改正があったので、なんのお咎めもなかったのです。

だから、多少決定に違反した程度ではもう大丈夫だなという、自分なりの相場観はあったのです。いまの規約は本来そういうものだと私は思っています。

表現の自由を争う以前の問題

上瀧　神谷さんもブログがきっかけだったと思うんですけれども、今回の除籍については、それはそうですよね？

神谷　そうですけど、私の場合、表現の自由というところに行く前に、党との決定に従いますと書いてあって、議論の内容を漏らしたと言われたことも、漏らしていませんよという話ですから、表現の自由以前の問題です。つけられている言いがかりに一つも合っていないという、そういう感じです。

上瀧　自分の言った意見をちょっと紹介して、それであとは共産党に出てきた文章をそのままにくっつけたということで。

神谷　まさにそうなんです。例えば「『政党助成金は必要だ』という声がありますけれども、政党助成金は憲法違反です」と言ったら、「あ、お前いま『政党助成金が必要だ』と言っただろう、決定違反だ」と、そういう言いがかりをつけられ問題になるようなもので、こんなのは本当におかしいです。

名誉棄損は「事実の適示」を争う

上瀧　松竹訴訟のもう1つの問題は名誉棄損です。名誉毀損は松竹さんの社会的評価を貶めたことについて、「事実の摘示」があるかどうかというのが非常に大きいわけです。つまり「何年何月何日にあなたはこれからこれを盗んだんですよ」というのが事実の摘示です。それは証拠によって存否を決することができるかどうかで決まるわけですね。

名誉棄損訴訟において、だいたい相手方は、これは「事実の摘示」じゃなくて、「意見、論評」ですということを言ってくるわけですね。でも、何年何月何日にするんだっていうのは、たしかにですけれども、松竹さん、今回の訴訟で、事実の摘示は明らかに認められるものに絞ったわけですね。そして、仮に意見論評だとしても。その事実が重要な部分について真実であることの証明があった場合には、人身攻撃に及ぶなどの意見ないし論評としての域を逸脱したものではない限り、その行為は違法性を欠くとしています。

それは訴状を皆さんは読まれていないと思うんですけれども。たとえば、「松竹伸幸は善意の改革者を装っていますが、ほとんどが破壊者、かく乱者であることを自らの言動で明らかにしています。同党大会のかく乱を企図し、表に現れない形で自らを支持するグループの分派をつくるための活動を始めたことを告白したものに他なりません」ということを松竹さんは名誉棄損としています。重要なことは、その事実が重要な部分について真実であることの証明については共産党が証明しなければならないということです。

党大会のかく乱を企図したとか、分派をつくるための活動をしたという立証責任は向こうにあるわけです。分派をつくろうとしたのか、あるいはかく乱をしようとしたとか、そういうのは向こうに立証の責任があるので、準備書面で、その内容が主張されるかどうかは、私は非常に楽しみにしていたんですけれども、今回は、それは出てきていません。今回の準備書面は本案に踏み込まずに、門前払いをするべきという段階で終わっています。

「労働者性」があるかが争点に

神谷さんの訴訟プロパーの問題で言うと、まず「労働者性」ということが問題になって、昔の判決では専従は労働者ではないという、そういう判決が出ているんですけど、神谷さんの弁護団はどうですか。

神谷　１９７０年代に宮地健一さんという党専従だった方が起こした裁判ですね。専従は労働者だと訴えて、業務委任契約ですみたいな判決が地裁で出ています。たしかに、古い戦前戦後すぐの体験記とか読んだりすると、たとえば専従者になった人など党の職員になった人というのは、地下活動に入っても何か月も帰ってこないとか、オルグのためにいつどこで何をしているかわからないみたいな、そういう活動で重要な人が組織をつくったりするとか、そういう活動をずっとやってきているわけです。何時にどこに来て、職場で働いた後、5時になったから帰ろうというようには全然していないんです。そういうので育ってきている専従者の人たちは、これこそが党の専従者だと思っている節があるんですよね。

だけれども、時代がどんどんどんどん変わった70年代、宮地さんの判決ぐらいがちょうど変わり目ぐらいです。80年代、90年代になって、いまや当たり前ですね。私の職場だって9時半に来て5時半に帰ってください。間の休憩は1時間半ですよ。職場はここです。市役所にある市議団の控室です。私はコロナ禍だったので家で仕事をしたいと言っても、だめだ、ここでやれと言われたんです。それぐらい強い拘束性、労働者性があるんですよ。

向こうも私に対して「解雇予告手当」とか「解雇通知」というのを出して、わざわざ「解雇」という言葉を入れているんです。そして、そのなかで「労働基準法22条に基づいて…」、とか書いてあるんですよ。労働者性がないと思ったら、わざわざこんな言い回しはしません。向こうははっきりと労働者だと言わざるを得ないんです。

浜野忠夫さんという党副委員長の2008年の本『時代を開く党づくり』で、常勤活動家、つまり専従者は、「会社と雇用契約を結んでいるサラリーマンとは全く違うわけです」と言っているんですが、そんなわけないですよ。私に出している文書、私の実態からして完全に私は労働者であるという前提でこの裁判が始まるとなっていますから、これが認められ出発しただけでも裁判を起こしてよかったなと思います。

いまから残業代や労働組合とか、私の休日とか、こういう問題は全部俎上に上ってくることになりますが、完全に労働者性があると思います。

上瀧　神谷さんは、市議団の事務局をされていたそうで、9時から5時まで働くというようなことで、市議団の事務局として雇用していますということとされているわけですね？

神谷　それを市役所に出さないといけないし、実際出しているわけです。

上瀧　私も市役所に出す書面のひな型を見せていただきましたけれども、ちゃんとそういうふうに書いてありました。労働者性を認めないということは、なかなか向こうはハードルが高いかなと思っています。

「傾向経営」でも除籍で解雇は不当

それから、もう1つの問題は、その労働者性を認めたとしても、「傾向経営」というのがありまして、特定のイデオロギーの条件、つまり政党とか宗教団体というのは、労働者に対してそのイデオロギーの支持・承認を要求することはあり得るというのが、他の判決で出ているわけです。そういう場合に、たとえば政党は政治的イデオロギーというものを宣伝・普及するということが必要な党員もいますので、そうすると、専従という地位と共産党を支持・承認する人ということが表裏一体になっている場合もあるわけですね。

仮に「労働者性」を認めたとしても、これを根拠として除籍から解雇に至ったという主張が共産党側から出てくる可能性があると思うんですけれども。

神谷　でも、私はいまも「イデオロギー」、綱領・規約・科学的社会主義は「承認・支持」していますよ。それに、これは相手がそう言ってくるかどうかわからないですが、要するに共産党員でなくなったから外していいという話ですけれども、福岡県委員会の勤務員規程を見ても、共産党員でなくなったら外しますということは、どこにも書いていないんですよ。そうはっきり書いてある文書もないんです。「傾向経営」を扱った判決（日中旅行社事件判決）でもどういう場合に解雇するかは最小限、就業規則に明記すべきだと言っていますから、それさえ満たしていない。

それが1つと、もう1つ。だからと言って、労働契約法で定めている「社会通念上の相当性」とか「合理的な理由」がなくて解雇していいのかということが当然に問われるわけですよね。私は、共産党から生きる糧を全部奪われるというときに、とにかく共産党員でなくなったから捨てていいんだという、そういう判決が成り立つわけがないじゃないですかというのが、私たちの弁護団や私自身の考えでもあるわけですから、そこはもう十分争っていくということになります。

上瀧　そういう判決はありますけれども、いまの法律から客観的に妥当かどうかということでいうと、神谷さんは共産党の活動として市議会議員団の事務局をされて、本当に中心的な役割を担ってきている。そういうことの重要な判断材料になるとおっしゃっているのですね。

神谷　そうですよ。だいたい党幹部は「神谷は重大な規約違反をやっている」と言い出したのに、そのあとの統一地方選挙では、私に政策論戦部長と自治体部長という最重要責任者をやらせ続けたんです。普通、おかしい人間だと思ったら外すでしょう。明らかに扱いがおかしいんですよ。「『私が悪うございました』と謝れ。謝らないと追放するぞ」と脅せば神谷はびっくりしてすぐ屈服するだろう——そういう人間観が透けて見える対応だったと、私は思います。

恫喝で意見変更を求めるパワハラ

上瀧　松竹さんは誤っているということを認めろと神谷さんに強制したということですか？

神谷　松竹問題でおまえは間違えた、すみませんでした、許してくださいと言えと。言ったら、助けてやると。処分されるかもしれないけれども、謝れば、松竹みたいな、ああいう外に追い出すことにはならないぞと。そうやって脅したんです。どういう人間かわかるでしょう。

上瀧　恫喝をして、意見の変更を迫る。そういうことがあったと？

神谷　あったんですよ。記録が残っていますから、裁判で出せと言えば出せます。本当にひどいです。

上瀧　パワハラも争っておられるんですけれども、「あかるい職場応援団」という厚労省のハラスメント対策総合情報サイトや動画を見たことある人おられますか？　ぜひお帰りになって見ていただきたいです。

権利制限を受けたというときに、権利制限のなかで、共産党は党員としての権利というのがあって、その制限、たとえば会議に出られないとか、そういうのは分かるのですが、その範囲を超えて制約を受けたということですか?

神谷　職場に一切行かず自宅待機していろ、接触するななんて、完全にこれは厚労省の「あかるい職場応援団」サイトに書いてあるパワハラ6類型のなかの「人間関係の切り離し」ですよ。それと「過小な要求」。全然仕事を与えない。典型的にこれそのものですよ。パワハラの典型的な例だけれども、福岡県委員会は何と言っているかというと、「怒鳴ったり殴ったりしていないんだから、パワハラではない」と言っているんですよ。

上瀧　そうですね。日本共産党と厚労省ではパワハラの認識が違うということが、わかるかなと思います。

民青の勉強会からも外されたという話もお聞きしていますので、もう本当に人間関係からの切り離しというのは激しいものだったと思います。

法と政党

最後に政党の位置づけですけれども、日本国憲法というのは、政党というものは憲法上にはないです。結社の自由のなかの規定です。政党の特色としては、政権の奪取を目的とするということと、議会制民主主義にとって決定的であり、市民と国会を媒介する役割をするということが、政党の機能としては重要ですけれども、日本には政党法というものはありません。

でも、ドイツ連邦共和国基本法では、第21条に政党をつくるのは自由ですと言われていて、ただ、政党の内部秩序は民主主義の諸原則に適合していなければならないというのがあるわけですね。それはドイツではナチスのことがありましたよね。「闘う民主主義」ということで、こういう規定がつくられたわけですけれども、日本にはない。でも、日本の民主主義のメルクマールは何かというと、国会で言えば「審議の原則」と「多数決の原則」の2つです。みんな多数決の原則ばかり言いますけれども、審議の原則、ちゃんと話しましょうねという原則もあるわけです。

そのなかで、議論するために、ちゃんと必要な情報が回っているかどうかということについても、やはりそれは非常に審議の原則にとって重要な前提かなと思うんですね。松竹さんの著書を読みますと、違う意見の排除はしないと言われていて、でも松竹さんの話と違う意見を言ったから排除されたということになっていますが。

第2部　共産党をどうしたいのか？

党をメンテナンスしていきたい

ならば、松竹さんも神谷さんも、そこまでご自分を排除した共産党になぜ戻りたいのでしょうか？

神谷　私は常々言っていることですけれども、パワハラをして私を精神疾患に追い詰めた人たちは私が訴えを起こさなかったら、そのまま私を追放して知らん顔をしているわけです。このことを裁判で全部明らかになって、私は裁判に勝ったら、この人たち自身が出ていくべきではないのかと私は思っています（拍手）。だから、私が戻れば、そういう人は出ていくのが当然ではないかと思います。

同時に、共産党というのは幹部だけのものじゃないんですよ。幹部だけでなくみんなで党をつくってきた重要なアセット、資産があるんですよね。

3つ言っていますけれども、生活に困ったときの駆け込み寺、本当にどこからも見捨てられた人が命綱みたいにしてやってくる。1万8000の支部や、25万人の党員と結びついて、それでやっているというのは、これは他の党になかなか絶対代替できないと思うんですよ。これが1

つ。

２つ目が不正の追及という点ですよね。裏金問題もそうでしょうし、私たち市議団事務局でも市側の資料を一生懸命調べて、ここはどういう問題があるかというのをずっとやって、それがスクープになって出てくる。ここまで徹底して見ているというのは、他の会派はなかなかないです。こういうところはピカイチで、その人的なストックがちゃんとあるということ、これは２つ目です。

そして、３つ目が、たとえばいま、軍備拡大が行われているけれども、そうじゃなくて、平和のこういう全然違う方向があるんだよということを政策集団が明らかにする。資本主義でなく社会主義を、というのもそうですが、いまの社会とは違うオルタナティブを示す。そういうことができる分厚い人のストックがあるんですよね。

こういうのは、たとえばポンと出た政党とか、私が何か新しく旗揚げして、それで明日からつくりますって、そんなすぐできるものじゃないんですよ。古い家ですけれども、まだメンテナンスして使えるというものがあるんですから、これを使わない手は絶対ないだろう。

だから、問題のある古い幹部の皆さんは反省して、相応の代償を払ってもらった上で、私たちがいま党の皆さんが頑張ってやっている、それらをちゃんとメンテナンスして作り直したいと、私は思っているんですね

上瀧　私は友達から、友達が共産党の議員にならなかったときにお母様が「よかったなあ。古く

て床が腐っている家に入らなくて」と聞いたんですけど（笑）、やっぱりそれはメンテナンスをしようということですか？

神谷　そのとおりです。メンテナンスをして使うということが。

松竹　メンテナンスと言ったら、ちょっと手を加えれば何とかなるみたいなニュアンスがありますけれども、そんな程度ではおそらくすまないとは思います。

個人の自由のために結社の自由がある

さっき少し議論したように、私はずっと結社の自由というものと、出版の自由をどこでバランスさせるのか、さっき言ったようなことが大事だと考えています。いまもそこは変わらないんですけれども、結社の自由とはいったい何なのかということを、裁判が進行するにつれて思い始めています。

前回の共産党の準備書面を見ると、松竹はいろいろ言っている、たとえば党員にも権利があると書いているけれども、いや、そんなことはおまえではなくて、党組織が決めることなんだみたいな表現が頻繁に出てきます。結局これは何かというと、結社の自由とは要するに指導部の権利だという捉え方です。党員には権利がないんだみたいなものです。

もちろん、最終的なたとえば解釈決定権みたいなのは、党組織の側にあるでしょう。しかし、それにしても、党員の権利を否定するかたちで指導者の権利があるわけではないと思います。

憲法には個人の人権尊重という13条があって、憲法学説を見ても、結社の自由にしても、これは憲法上の人権だから、個人の人権の尊重の上に結社の自由も解釈されなければならないとされています。だから結社の自由にしても、団体の自由というだけではなくて、個人の自由の点から考えなければなりません。さっきいろいろな意見が違うという話がありましたけれども、異論を出して議論することによって、結社が成長するというか、強くなるということもあると思うのです。私だって、やはり自分の属する結社をよりよくしていきたいという自分の願いがあって、その権利を行使しているわけです。

だから、本当にそれをやらないと。神谷さんは退いてもらってみたいなことをおっしゃいましたけれども、何が難しいかというと、さっき政策集団の話をされましたよね。そういうストックがあるんだと。

私が党の政策委員会に勤めるようになったころは、当時の政策委員長から言われたのは、党の政策というのは、議長や委員長とか書記局長がいて、そこからこの政策はこういうものをつくれと言われてつくるものではないということです。それはそれで大事だけれども、指導部が提起するものとまったく異なる結論が出たとしても、政策委員会で議論をして、こっちの方が大事だ、委員長や書記局長とは違う考え方が大事なんだと思ったら、それをちゃんと指導部に出していくのが仕事だと言われたのです。

実際、当時の共産党の中央委員会のなかには、そうやっていろいろな意見を出し合って議論をして決める風習があったのに、いまはもうほとんどそういうことはない状態が続いています。そういう点では、この20年ぐらいの間ずっと全会一致で決めてきた中央委員の皆さんは、本当に資格があるんですかと、そう言わざるを得ないぐらい総退陣してもらわないとダメだと率直に思うぐらい、やはり党が弱っているということだと思うのです。

別にそういうことを裁判で主張するわけではありません。しかし、そういう党のあり方が大事なのではないかという問題提起は、私なり神谷さんがやっていくべきではないかと思います。党がこのまま変わらないならば、おそらく原告勝訴の判決が出ても、その判決を受け入れない気もします。だから、判決が出るころには、そういう違う考え方を持っている人も喜んで受け入れるよというぐらいの党になってほしい。

このことが、この裁判を何年間もやるべきという率直な思いですね。

私物化のために規約解釈を歪めている

上瀧　お二人の共通する思いで、福岡県委員会や中央委員会の指導というものに問題があるとお二人からお聞きしました。それは、そういう印象を持っている、そういう事実を認識しているということですか？

神谷　これは、私はまさに裁判で明らかになっていきます。いま問題になっているのは、党の幹部がルールを無視して組織の気に入らない人を排除するという、私物化をしているという状態になっているわけです。そのために「指導」という名目でパワハラを加え、規約違反を認定せずに除籍する、ポイ捨てするというやり方をしているわけです。

さっき規約解釈権が中央にあると言いましたが、規約の成り立ちではそうなっていないわけですよ。それは法律の有権的な解釈権が内閣法制局にしかないと思っているのと同じぐらい幼稚な考え方になってしまうと思っています。裁判所や国会にも有権的な解釈権があるんですから。

同じように党規約を解釈できるのは規約を読めば中央委員会だけではありません。最高機関である党大会でこそ解釈を決定できるし、誰かを処分をする際に規約に沿っているかどうかの解釈は支部・地区・都道府県で決めることができます。規約の立て付けもそうなっているわけです。そうしたことに見られるように、党員の人たちが結社の自由一つひとつをつくってというのがあって、それを「解釈するのは幹部だけしかない」というのは、本当に思い上がった考え方だと私は思っています。

こういう考え方やあり方を変えていかないといけないし、結社の自由の考え方について全部俺たちが決めるとなっているのは、大きな誤りの根源だと私は思っています。

この裁判を通じて、事実問題としてそうなっているということを明らかにしたいし、判決が下ったら、きちんとした調査委員会を求め、変えていってもらうことが大事ではないでしょうか。

異論を議論できないから追い出しが増えている

松竹　いま神谷さんがおっしゃったことは大事だと思います。同時に、私がこの間体験して思っているのは、そうやって幹部が異論を告発して、処分をして党から追い出していくことを、私や神谷さんだけではなくて、いろいろなところでやっているのは、やはりそれだけ異論が存在しているということと、さらにそれを説得できないという現実があるからです。これまでもあったと思いますけれども、それが本当に大きな規模になっているという実感があります。

私の問題に即して言うと、１９９４年ぐらいまでは、共産党の安全保障政策は「中立・自衛政策」であり、安保条約を廃棄するけれども「自衛する日本」にするのだと言っていました。だから、自衛隊活用論を大会で決めたときに、私は不破さんに「侵略されたら自衛隊を使って反撃するのなら中立・自衛と同じではないですか？」と聞きました。そのときに、不破さんがおっしゃったのは、「中立・自衛論というのは憲法改正を想定した概念だったから、憲法９条を擁護するという現状とあんまりマッチしないんだ」ということです。それはそれで納得はしたんですね。

この中立・自衛論から１９９４年9月に事実上は「非武装・中立論」に移行して、しかしそれではやはり侵略されたときのことに答えていないから、２０００年に「自衛隊活用論」というのを出しました。これは党大会でも異論が出ましたし、私は当時担当者だったのでいろいろなところに説明しに行ったけれども、会場ではほとんど8、9割の人は私に対して批判の言葉を投げかけてくる。それぐらい評判が悪かったものを党大会で決めた。ところが私が自衛隊活用論の論文を書いたら、今度は志位さんがおまえは間違っていると言ってきた。共産党は大混乱しているわけです。

その志位さんが、２０１５年から野党連合政権が打ち出して、ついには自衛隊活用論とか、「安保5条活用論」まで言って、「自衛隊合憲論」までに踏み込んでいきました。ところがおそらく共産党員の多くはそういうことを自覚していません。だって何万字ある決定のうちの数行かしか書いていないので、見ていないか、見ていても何かちょっとおかしいことを言っているね、そのうちおさまるだろうみたいな感覚だと思います。

要するに、意見の違いが十分議論されないままやってきているのです。だから、50年問題の後に61年綱領をつくる際、党内の3割ぐらいが綱領に反対していたと言われますけれども、いまもそれぐらいの路線上の異論は存在していると思います。

しかし、いまの党の意思決定方式は、中央が大会決議案を決めて、ボンと出して、支部で議論をして、地区で議論して県で議論をしていくというやり方です。「この決定を支持する立場から発言します」という議論が繰り返されてきて、多少の異論はあって、少しここはおかしいよねみたいなことは言えたりしても、大きな考え方、路線を変更するような議論をできるようなやり方ではないです。そういう議論がいま、党内で必要になっている。

だから私の党首公選論は、この路線上の議論を割と穏やかな形で、別に分派をつくらずにやれる方式だったんだけれども、それも否定された。中央が案を決めて全党討議をやっている限り、いまの意見の違いも埋まらないし、結局その意見の違いをどう対応するかというと、黙らせるか、処分するかということにどんどんなってこざるをえないという、相当危機的な状況だと私は思っております。

議論ができる民主集中制に発展を

上瀧　神谷さんも日本共産党を被告にされているのですよね？

神谷　福岡県委員会の県委員長だけでなくて、日本共産党、志位和夫さんが代表者ですけれども、この人たち二人を相手に裁判を闘っています。

私自身は裁判とちょっと区別された話ですけれども、どうやって改革していくかということで、いろいろな、たとえば赤旗をどうするかとか、地区をどうするかという問題はあるんですけれども、その議論が出てくる前に議論が百出するという状況に――いま松竹さんがおっしゃったことができるために、そこをやらないといけないと思っているんですよね。

私自身は、民主集中制は必要だとは思っているんです。デュヴェルジェというフランスの政治学者が言っていますけれども、民主集中制というのは程度の差はあっても近代的な政党だったら普通とっていますので、私自身もそう思っています。

ただし、現代的に発展させないと、これでは議論もうまく発展させられないんですね。たとえば、いまだいたい各支部には平均13人ぐらいいるんですけれども、支部のなかでは何回、何十回と発言しても、時間がある限りこれはＯＫなんですよ。

だけれども、横の支部に行こうと思ったら、途端にこれは制約がかかってしまう。支部を超えて議論するにはまず代議員になるか、あるいは地区役員になるかして会議に参加する資格を得ないと発言できないし、発言時間は、そこの会議に出て8分ですよ。8分なら2400字ぐらいだから、原稿用紙400字で6枚ぐらいしかないわけですよ。

あと、大会議案の討論集も1200字以内で原稿用紙3枚しかありません。第29回大会決議は2万字もあるんです。これぐらいの分量がないと体系的に論じられません。それでは議論や討論にならないです。

言論というのは、集まって交流することが必要です。いまここでやっているのも言論活動ですよ。こういう機会を持つと「分派」と言われたりする。でも、こういう場所があって、いろいろな雑誌が発行されて、いろいろな人が意見を言うというふうになって初めて議論、言論としての意味をなしてきます。党機関に対して何万字のものでも意見を出すことができますよ、何回もご意見を出せますよとなっているけれども、その意見は中央や党機関の人しか見られない。それは他の支部や党員には知られないままで終わっちゃうわけです。

だから、私は改善案としては、たとえば個人の資格であることをきちんと銘打って本も出せたり、ＳＮＳでもこれは個人の見解ですよということを言って、それで討論したり、これは個人の見解でやっているんですということで意見を出し合ったりする。それで意見が自由に出せるというのがあって初めて、いろいろなことを言えるという文化、ものが言え、口が開き始めるという文化ができるわけですね。

そして、分派というのは何か厳密に定義しないといけません。出版社で「同時期に本を出しましょうか」と言ったら「分派だ！」とか、私だって松竹さんとメールのやり取りをしたら「分派だ」と言われそうになったとか、そんなバカな話ではないですよ。

そういうのをきちんと厳密に定義する程度の改革をやればいいんですよ。民主集中制を原則維持したまま発展させるということをまずやっていくということをしないと、私はいけないんじゃないかなと思っています。

規約に書いていない解釈の問題

上瀧　最近、私は立花隆さんの『日本共産党の研究』というのを読んでいます。それによると、

「民主集中制」というのは、「プロレタリア独裁」と「暴力革命」とセットでコミンテルンから強要されたということでした。現在の共産党は、このうち「暴力革命」と「プロレタリア独裁」は放棄したけれども、民主集中制は残っていると書いてありました。そういう歴史的遺産みたいなものがあるということと、松竹さんがおっしゃっている党首公選制というのはどういう関係になるのかなと、そこら辺をちょっと教えていただけますか。

松竹 民主集中制というのはすごいイデオロギッシュな概念になっていると思います。それを聞いただけで、これは諸悪の根源だと捉える人もいれば、そうじゃない人もいます。私が除名された後の日本記者クラブの記者会見でも、民主集中制についての態度はどうなんだと質問がある。新聞社なので、民主集中制を批判させたいと思って聞かれるわけですよ（笑）。

でも私は、綱領にも規約にも反していませんという立場で、だから党に戻るんですと言っているわけで、規約で書いていることは支持すると言うしかないので、規約通りの民主集中制は支持するという以外の答えはありません。しかし、少なくともいわゆる民主集中制ということで、実際に共産党内でやられていることの大半は、別に規約に何も書いていないことだとは言えると思うんです。

たとえば、支部のなかでは自由に異論を討議できるけれども、隣の支部と議論してはダメだ、他の党員といろいろ意見交換してはダメだということは、規約にはどこも書いていないわけです。

あるいは党規約では、民主集中制の原則のなかで意思決定のあり方として、民主的に議論を尽くして、最終的に多数決で決めたらそれが決定なんだという、それには従うんだということが書いてあります。それを説明するときに、こんなことは小学校のクラス討論でも同じです、音楽会で何を歌うかをみんなで討論して決めたら、必ずその歌を歌いますよねっ、別の歌は歌えませんよねと言われる。そして、それが民主集中制なのですとして、そういう程度のものとしてよく説明をされます。

しかしたしかに、クラス討論ではそうなんでしょうけれども、それは自分がその討論の場に参加して、多数決で決めている現実にあるからです。ところが、共産党の場合は、自分が討論に参加もしていない決定なのに、中央委員会が決定したとか、常任幹部会が決定したとか、だから実行しなければならないとなっている。自分が討論に参加して決めたものではないのに実行が押しつけられる。そこに私は問題があると思っていて、だから相当程度、いまの規約を厳密に解釈して、規約に書いていないことを党中央が勝手に解釈するのを止めさせるだけで、非常に大きな変化が出てくると私は思っているんです。

神谷　それはそのとおりで。さっきの上瀧さんの話によれば、たしかにスターリンの時代に持ち込まれた民主集中制のあり方というのは、たとえば意見の保留さえ許さないというような、そういうスタイルですから、とくに「集中」の部分がものすごく強くなっているものですが、その悪い遺産があるというのはそうだと思います。それをまさに現代的に徹底して改革していくということでやれば、これで私は十分に民主的なものに変えていけると思っているんです。

ミヘルスという社会学者がドイツの社会民主党を観察したら、大衆的な左翼政党は必ず少数者の寡頭制になっていくという法則があるんだと言っていますけれども、それは悲観しすぎです。私は、現代のいろいろな政党のあり方を見ていたら、そうならないのではないかと思うんですよね。

いろいろな意見が出て動いていくというシステムのあり方で、みんなで決定したことはみんなでやる。そして、ガチガチな分派や派閥をつくってはダメだけれども、政策研究とか、その交流ぐらいだったらいいよというような、ありようは別につくっていけると思うんですよ。

だから、あまり絶望的にならずに、私は民主集中制の原則の大事な部分を生かしながらどんどん発展していくというのはやったらいいじゃないかと思っています。

上瀧　民主主義のメルクマールで、さっきも言いましたが国会で言えば審議の原則と多数決の原則という原則が2つある。その審議の原則の前提としてどういうふうに情報の流通をはかったらいいのかということは、すごく大きな課題だと思うんです。お隣の支部とも話したらあかんというのは、それは分派というものが形成される可能性はあるということですか？

神谷　それは2000年に規約を変える前の活動スタイルがそのまま残っていて、それを幹部の古い人たちがその頭でやっていることで、それはダメだと思います。

上瀧　少数意見は多数意見に常に変わる可能性があるというのが民主主義だと言われていると思

うんですけれども、情報の流通があって、それを前提とした議論があって、その上で多数決というものが党内でできれば、その決定はみんなでやる。そこの部分がきちんと保証されれば民主集中制に反しないとお考えですか？

神谷　それはそうです。

上瀧　いまの党のあり方は民主集中制という原則からも逸脱して、時代についていけないというお考えですか？

神谷　とくに「民主」という部分が全然徹底されていなくて、それは逸脱というか、ますます真っ向から反しているので、もっと現代的に発展させたらいいでしょうということだけです。ＳＮＳの時代にスターリン時代の名残があるものをやっていたらダメですよと、そういうことだと思います。

松竹　昔の規約は下級が上級に従うとか、決定には無条件で従わなければならないとか、本当にそういう点ではスターリン型のいろいろな規定がありました。２０００年の規約改正でそれをなくした。その上で、いまの規約が決定は多数決で決めると書いているということは、少数意見があることを前提にしているのです。だから全会一致で決めるのでなくて、少数意見を保留すればいいことになっている。

ところが神谷さんに対しては、自己批判して多数の意見の立場に立てというやり方が取られた。そういうことを規約上はしてはならないのに、やらされるというのはすごくおかしいんです。

おかしいんだけれども、少なくともいまの党中央の指導部は、全然そう思っていません。私の除名問題で、ある支部に指導にやってきた中央の担当者に、「いまの規約では昔の規約と違ってこうなっているじゃないか？」と言うと、党中央の人が何を言うかというと、「たしかに2000年で規約を改正して、わかりやすく表現は変えたけれども、中身の本質は何も変わっていないです」と説明されたそうです。あれだけ大きな規約改正して、双方向型の党にするんだとか、循環型の党にするんだとか説明して、私だってこれで党がこの方向に変わっていくのだと思いましたけれども、中身は変わっていないことになっている。党の幹部は給料をもらっているんだから、党の決定にそって努力しなければならないのに、古い規約にしがみついているだけで党を変える努力をしていない。だから、本当に大きな改革は必要だなと思います。

参加者からの質問への応答（要旨）

Q　どういう支援をしていったらいいでしょうか？
潜在的な応援団をどう顕在化させたらいいでしょうか？

神谷　潜在化したままでも、いまのところ私はいいと思っています。たとえば、こんな人がカンパをくれるんだという方、現役の地方議員とかでくれる方もいっぱいいらっしゃるんです。こんな人たちが私を支持してくれているんだというのもわかるんですね。当面は、それで私はいいんじゃないかなと思っていますので、無理に出てしまわなくてもいいです。顕在化すると党幹部に弾圧されてしまいますから。

実際に表に出て、砂川さんとか、彼女に続いて除籍された羽田野さんという女性も、次々首を切られていってしまうというのは本当に痛ましいと思いました。いまできる支援をしてもらえたらいいんじゃないかなって。

松竹　私は2週間ほど前に、尼崎での講演に呼ばれてお話をしました。主催者は阪神地域で共産党を除く左翼の応援団なんですと言われました。参加しているのもそういう人たちだけなのかなと思ったら、予想に反して半分近くは初めての参加者で、かつ共産党のなかで中心的に活動をしているような人たちが、大阪や兵庫とかその他から来られていました。

質疑応答では、裁判の結果を期待しているけれども、そんな何年か後の話じゃ困るんだ、いまこの党を改革しなければならないのだ、何ができるだろうかというような発言が続きました。この間、提訴した昨年3月以降ずっと裁判後にイベントをしてきましたが、やはり実感としてそういう人がどんどん増えてきています。

そういう点では、別に意識的に分派なんかつくらなくても、どんどん広がっていくと思います。おそらくどこかでそれが非常に大きな力になっていくのではないでしょうか。

Q　「カジュアル除名」は悪意のあるものですが、どうやってできたのでしょうか？

神谷　これが古くからある条項で、先ほど私も見ましたけれども、本来まったくニュートラルなものです。

特に昔は党費を納めなかったりした人たちが、活動に結集しなくなった人たちがこの情報に使ってリストから消えていったわけですよね。つまり、いま、クラブ活動で言うと幽霊部員みたいな人がいるわけですよ。そういう人をどう適正な形で名簿管理するかというのがもともとの条項だったわけですよね。

普通のサークルでも当然あるものですから、これを考えもつかないようなやり方でいま、党幹部がカジュアル除名として悪用しているというのが実態です。だから、ルール違反の容疑があった場合は普通は一般社会で、裁判できちんと明らかにして、ルールに反しましたね、だからこうですよという話になるところを、そのプロセスを一切経ずに、突然、ある日、「おまえの名前は消えたから、組織からさようなら」と言われるやり方をしているというのは、制度の問題じゃなくて、完全にやっている人の悪用で考えもつかないようなことです。いまは兵庫県知事選で選挙制度の思いもつかない悪用が問題になっていますけれども、あれに近いようなことですよね。まさかこの除籍条項を使ってこういうことをしてくるとはという感じのことが、長年続いてきているると思います。

Q　部分社会論は実際の裁判でどこまで通用していますか？

上瀧　最近の裁判例は、私は知りません。部分社会論というものが一般的に部分社会であるからあかんと、内部の問題は内部でも裁判所は司法権は及ばないんだみたいな、そういう話はだんだんなくなってきていて、個別の、たとえば地方自治体がこういう性格のものだからとか、大学はこういう性格のものだからとか、一個ずつその団体によってその司法権の及ぶ範囲が検討されるようになっています。また、弁護士の一般的な訴状に対する反論としてはまず、間口の問題はもちろん反論するけれども、間口の問題を通過した後、つまり、実質的な内容、つまり本案についても必ず第1回から形式的な答弁書は別として、答弁書とか準備書面でこれは認める、これは認めないという書面を出します。

そういうふうにしないと、万が一そこの第1関門が通ったら、第2関門、本案の審査まで必然的にいくわけですから、そこを何も言わないというのは余り自信がないから、第1関門にすごく固執しているのかなという印象があります。また慎重にするために、時間がかかっているのはそうかもしれないですね。

最後に

上瀧　今日は皆さんもたくさんご参集いただきましてありがとうございます。私自身はこういう裁判というのは、単に自分の権利を回復するだけではなくて、他の人のことも考えて訴訟を起こしてはると思っています。それはずっとハラスメントの裁判とか差別の裁判とかをしてきた私の実感です。

だから、本当にお二人は立派だと思います。本当に私も応援していますし、ぜひ頑張っていただきたいです。そうやって大きいものを相手に闘うことはやはり権力勾配があるわけです。そういう権力の側に負けずに、弱い人たちや虐げられていると言ったら言い過ぎかもしれないですけれども、声を上げられない人たちを代表して闘っていると考えています。

神谷　きょうは会場からの意見も含めて、すごく励まされました。ありがとうございます。言いたいことはもうすでに述べたことなんですけれども、党の幹部がこの組織を自分たちで私物化する際に言っているいろいろな言い訳があるんですね。

この裁判を通じて、それを一つひとつ剥がしていきたいですね。さっき私、調査委員会とかと言いましたけれども、そういう特捜班とか、そういうつもりで私はやっているわけですよね。だから、「規約違反したら誰でも自由に幹部が除籍できるんだ」とか、あるいは「専従は労働者じゃないんだよ」とか、あるいは「殴ったり怒鳴ったりしなければパワハラじゃないんだよ」とか、そういう主張の虚偽を暴く。それから「党内で自由に議論していますよ」というようなことなんかも、実際にはいかに制約があるのかというのを、この裁判を通じて明らかにしたい。そしてその先に裁判の勝利があればいいんですけれども、仮に裁判に負けたとしても、この裁判そのものが事実を明らかにするということで大きく貢献できれば、本当にこの裁判やった意義は大きかったなというふうに思いながら、事実をとにかく裁判で明らかにするということを頑張ってやっていきたいと思います。

松竹　本当にありがとうございました。共産党の現役のある常任幹部会委員が何か月か前に大学の同窓会に出てこられ、そこで私の除名に反対する人と論争になったそうですが、その常任幹部会委員が「松竹は退職してから10数年、この日が来るのを一貫して狙っていたのだ」と言っていたということです。本当に10数年前から除名の機会をうかがっていたのかな？　とものすごくびっくりしました。

おそらく、これからもいろいろな体験をすることになると思いますけれども、しかし頑張っていきたいと思います。今日は京都で初めてのことですけれども、きっとあと何年も続くので、こういう取り組みを今後も行きたいと思います。

上瀧　ぜひ次の機会にもまたお会いしたいと思います。今日は本当にどうもありがとうございました。

神谷　皆さん、ありがとうございました。

5　上瀧浩子さん、神谷貴行さんとの鼎談
共産党の未来を占う除名、除籍・解雇裁判の行方

（この鼎談は2024年11月18日に京都で開催の集会を、「松竹伸幸ちゃんねる」がYouTube配信したオンライン番組をもとに編集したものです）

あとがき

松竹伸幸裁判応援隊 代表　大西誠司

私は、松竹伸幸さんの除名のきっかけとなった著書『シン・日本共産党宣言』を読んで、これは松竹さん自らが人生の大半を捧げてきた日本共産党が退潮し続けている現状を憂い、成熟した国民政党へと進化させたいと心から願っての問題分析と提言の書だと感じました。開かれた党を願っての党首公選制などの提言が前向きに検討され、仮に実現しなくともそうした議論が党内外で活発に行われることを願いました。それは、共産党さんにとってだけでなく、日本国民にとっても意義のあることだと思っていました。しかし、この願いは党幹部の皆さんには届かなかっただけでなく、逆に党の決定と綱領・規約に違反し、党を攻撃するものだとして除名処分を受けてしまい、本当に驚きました。松竹さんの著書の構造は、「現状はこうした問題があると自分は考えるから、こう変えてはどうかと提案するので、ぜひ皆さんで議論して欲しい」です。今後の方針に対する提言や提案、議論の呼びかけは、そもそも何かに反したり「攻撃」などにはなりようがありません。除名をした人たちは本当にこの本を読んだのだろうかと思いましたし、党内外の多くの方が松竹さんの除名には疑問や批判を持ったのは当然でしょう。

ご存じのように松竹さんは党大会での再審査も門前払いされ、やむなく除名撤回の裁判を決意されました。すでに東京地裁にて4回の期日が行われ、2件の名誉棄損裁判も新たに加わり、弁護団も4人体制になっています。この裁判は単に一党員の問題ではなく、党員の社会的地位や、政党は誰のためにあるのかという問題を鋭く問うものとなってきていると感じます。最高裁まで視野に入れているこの裁判は、長期間に及ぶと考えられ、当然かなりの費用がかかりますので、多くの方々のご支援でこの長い裁判を持続的に支えていく必要があります。

そこで内田樹さんを顧問、私を代表にした「松竹伸幸裁判応援隊」を2024年1月21日に結成し、裁判支援募金などの裁判支援活動を始めました。これまでに、2025年2月末時点で、のべ189名様より、556万5308円もの支援金をいただき、すでに456万5000円を裁判費用に充てていますが、まだ不足している状態です。今後の長く続く裁判を支えるために、一人でも多くの皆様にご支援いただけますよう、心よりお願い申し上げます（募金口座など次ページ）。

応援隊では、この募金活動に加えて、Xやブログも開設し、裁判や募金に関する情報発信や、支援者の方たちからのご意見の掲載なども始めています。そうした活動でも、ぜひ多くの方にご参加いただきたいと思っています。裁判勝利の日まで、松竹さんを皆さんで支えていきましょう！

内田樹（うちだ たつる）
思想家、神戸女学院大学名誉教授、「松竹伸幸裁判応援隊」顧問

平裕介（たいら ゆうすけ）
弁護士、共産党松竹事件と共産党神谷事件の弁護団長

池田香代子（いけだ かよこ）
ドイツ文学翻訳家、社会活動家

伊藤真（いとう まこと）
弁護士、伊藤塾塾長

上瀧浩子（こうたき ひろこ）
上瀧法律事務所弁護士

神谷貴行（かみや たかゆき）
漫画評論家（紙屋高雪）、共産党神谷事件の原告

松竹さんを共産党に戻してください　除名撤回裁判を応援します

2025年4月23日　初版1刷発行
著　者　内田樹 平裕介 池田香代子 伊藤真 上瀧浩子 神谷貴行
発行者　岡林信一
発行所　あけび書房株式会社
〒167-0054　東京都杉並区松庵3-39-13-103
☎ 03-5888-4142　FAX 03-5888-4448
info@akebishobo.com　https://akebishobo.com

印刷・製本／モリモト印刷
ISBN978-4-87154-286-9　C0031